<section>U0577101</section>

和谐校园文化建设读本

小学生
课外活动指南

乔玉会/编著

吉林教育出版社

图书在版编目(CIP)数据

小学生课外活动指南 / 乔玉会编著. 一 长春：吉林教育出版社，2012.6（2018.2 重印）
（和谐校园文化建设读本）
ISBN 978－7－5383－8993－7

Ⅰ．①小… Ⅱ．①乔… Ⅲ．①课外活动－教学研究－小学 Ⅳ．①G622.428

中国版本图书馆 CIP 数据核字(2012)第 116115 号

小学生课外活动指南   乔玉会　编著

策划编辑　刘　军　　潘宏竹
责任编辑　张　瑜　　　　　　　　　　　　　　**装帧设计**　王洪义

出版　吉林教育出版社(长春市同志街 1991 号　邮编 130021)
发行　吉林教育出版社
印刷　北京一鑫印务有限责任公司
开本　710 毫米×1000 毫米　1/16　　　13 印张　　**字数**　165 千字
版次　2012 年 6 月第 1 版　2018 年 2 月第 2 次印刷
书号　ISBN 978－7－5383－8993－7
定价　39.80 元

编 委 会

主　　编：王世斌

执行主编：王保华

编委会成员：尹英俊　尹曾花　付晓霞
　　　　　　刘　军　刘桂琴　刘　静
　　　　　　张　瑜　庞　博　姜　磊
　　　　　　潘宏竹
　　　　　　（按姓氏笔画排序）

总 序

　　千秋基业，教育为本；源浚流畅，本固枝荣。

　　什么是校园文化？所谓"文化"是人类所创造的精神财富的总和，如文学、艺术、教育、科学等。而"校园文化"是人类所创造的一切精神财富在校园中的集中体现。"和谐校园文化建设"，贵在和谐，重在建设。

　　建设和谐的校园文化，就是要改变僵化死板的教学模式，要引导学生走出教室，走进自然，了解社会，感悟人生，逐步读懂人生、自然、社会这三部天书。

　　深化教育改革，加快教育发展，构建和谐校园文化，"路漫漫其修远兮"，奋斗正未有穷期。和谐校园文化建设的研究课题重大，意义重要，内涵丰富，是教育工作的一个永恒主题。和谐校园文化建设的实施方向正确，重点突出，是教育思想的根本转变和教育运行机制的全面更新。

　　我们出版的这套《和谐校园文化建设读本》，全书既有理论上的阐释，又有实践中的总结；既有学科领域的有益探索，又有教学管理方面的经验提炼；既有声情并茂的童年感悟，又有惟妙惟肖的机智幽默；既有古代哲人的至理名言，又有现代大师的谆谆教诲；既有自然科学各个领域的有趣知识，又有社会科学各个方面的启迪与感悟。笔触所及，涵盖了家庭教育、学校教育和社会教育的各个侧面以及教育教学工作的各个环节，全书立意深邃，观念新异，内容翔实，切合实际。

　　我们深信：广大中小学师生经过不平凡的奋斗历程，必将沐浴着时代的春风，吸吮着改革的甘露，认真地总结过去，正确地审视现在，科学地规划未来，以崭新的姿态向和谐校园文化建设的更高目标迈进。

　　让和谐校园文化之花灿然怒放！

本书编委会

目 录

第一单元　善交"益友"

单元概述

书籍是人类最好的朋友。它在你寂寞时陪伴你，给你乏味的生活增添一丝光彩，它在你灰心丧气时抚慰你，给你指明前进的方向。随着阅读书籍的增多，知识能量的增加，生活会因你的智慧而丰富多彩，会因你的善交"益友"而绚烂多姿。

在生活和学习中，善于去结交志同道合的朋友，你将会获"益"匪浅。进入本单元的实践活动中，看看你又会结交哪些"益友"呢？

拜书为师，以书为友

活动前奏

世界上有很多"只求奉献，不求回报"的人、事或物，而与我们平日里接触最频繁的是什么呢？它就是你平时学习的课桌上、图书馆的书架上、家中的书柜上的各种各样的书籍。书籍全心全意地为人类服务，却并没有向人类索取什么，它是我们生活中所信赖的向导，在我们迷失方向时，为我们指点迷津，成为我们生活中不可缺少的"导师"；它是我们学习中所信任的朋友，在我们沉浸"苦海"时，为我们增添欢乐，成为我们学习中不可缺少的"益友"。所以，我们要"拜书为师，以书为友"。

请同学们思考以下几个问题：

(1)你多长时间去一次图书馆阅览书籍？

(2)在放假期间，你是否能保证阅读完两本科普读物？

(3)你在阅读书籍时，是否试过去问"为什么"，对于提出的问题，你自己是如何解决的？

活动目标

☆能力目标

1.懂得书是知识的源泉。学习读书的好方法及选择好书进行阅读。

2.以丰富多彩的形式检查阅读效果，丰富课外知识，培养广泛阅读的兴趣。

3.培养爱读书的好习惯，学会分辨书的好坏，激发读书的热情，从读书活动中得到无穷的乐趣。

☆情感目标

1.重新审视"朋友"的含义。

2.在实践活动中，体会交"益友"所带来的收获。

准备工作

> ☆**知识准备**　通过上网查询什么是朋友,对于友情的理解,怎样建立稳固的友谊桥梁。
>
> ☆**物质准备**　书籍(可以是你读过的名著)、笔、纸、条幅、剪刀、卡片、小刀。

活动过程

想体验书籍给我们带来的快乐吗?那就赶快进入本次活动中吧!

在活动前,听听同学们都是怎样讨论的。

☆**活动一:查阅调查**

1.通过查阅资料,了解书籍的历史、分类等。

2.调查同学都看过哪些课外书籍,并记录下来。

3.将自己看过的书籍整理出来,回忆之前看的内容是否还能复述下来。

或许这幅图就在你曾经阅读的书籍中出现过……

☆**活动二：实施计划**

请对你身边的同学的书籍阅读情况作一个调查，把调查情况填写在下面。

调查统计表

◎ 调查人数 _____

◎ 调查内容 _____

◎ 调查结果 _____

◎ 调查漏洞 _____

☆**活动三：进入角色**

1.组建小队，设计口号

在班上由老师分配学生人数，组建成有特色的小队，确定下来带"书"的队名。如"书虫""书迷"等等。选出本队队长，确定队员。分配成几组由班级人数决定。然后为小队设计与队名有关的宣传口号。如"以书为友""读书入迷"等等。

想想，他们在讨论什么呢？

2.交流会

通过"查阅调查"，你认为你可以从哪些方面向大家汇报？带着问题分组讨论。小组讨论过后，各组组长记录下来，每组派一个代表与其他小组代表进行交流。在此期间，各组组员如有异议可进行辩论。最后，由各组组长向老师汇报交流结果。

学习小榜样

下面是光明小学六年级同学参加本次活动时，与其他小伙伴交流后得出的结论，请同学们一起来探究一下。

(1)写倡议书，倡议同学们怎样读书和读哪些书。

(2)说名人读书故事，激发读书热情。

(3)交流、介绍各自的好书，开阔视野。

(4)举办读书笔记展览会，深入理解阅读内容，让同学们在活动中体会到无穷的乐趣。

☆活动四:诗歌感悟

　　古时候的人们常用简短的词句来表达内心的各种情感,或是诗词,或是曲赋。在简洁的字里行间,我们体味到作者在当时复杂的社会背景下,所抒发的心中的豪情壮志或者是怀才不遇的愤慨。细细品味下面这首古诗,说出你的感悟。

宣州谢朓楼饯别校书叔云

（唐）　李白

弃我去者,昨日之日不可留;

乱我心者,今日之日多烦忧。

长风万里送秋雁,对此可以酣高楼。

蓬莱文章建安骨,中间小谢又清发。

俱怀逸兴壮思飞,欲上青天览明月。

抽刀断水水更流,举杯消愁愁更愁。

人生在世不称意,明朝散发弄扁舟。

☆活动五:展示收获

　　从小到大你一定读过很多书,或是童话,或是科普读物,或是小说……读过这些书之后,你和它们是否真正成为了朋友？还记得它们的名字吗？

我"朋友"的名字:＿＿＿＿＿＿＿＿＿＿

千万不要忘记你的"良师益友"噢!

＿＿＿＿＿＿＿＿＿＿＿＿＿＿＿＿＿＿＿

＿＿＿＿＿＿＿＿＿＿＿＿＿＿＿＿＿＿＿

＿＿＿＿＿＿＿＿＿＿＿＿＿＿＿＿＿＿＿

资料搜索小专家

☆格言警句☆

- 各种蠢事，在每天阅读好书的影响下，仿佛烤在火上一样，渐渐熔化。
　　　　　　　　　　　　　　　　　　　　——雨果

- 生活在我们这个世界里，不读书就完全不可能了解人。
　　　　　　　　　　　　　　　　　　　　——高尔基

- 书读得越多而不假思索，你就会觉得你知道得很多；但当你读书而思考越多的时候，你就会清楚地看到你知道得很少。
　　　　　　　　　　　　　　　　　　　　——伏尔泰

- 读书是我唯一的娱乐。我不把时间浪费于酒店、赌博或任何一种恶劣的游戏；而我对于事业的勤劳，仍是按照必要，不倦不厌。
　　　　　　　　　　　　　　　　　　　　——富兰克林

- 书——人类发出的最美妙的声音。　　　　　　——莱文

- 书籍是伟大的天才留给人类的遗产。　　　　——爱迪生

- 过去一切时代的精华尽在书中。　　　　　　——卡莱尔

　　下面是光明小学的一位小朋友制作的一张读书卡片，你也可以尝试做一张具有自己风格的读书小卡片。

大家都来学一学吧！

编号	001	书名	×××
类别	写作	作者	× ×
细目	景物描写	出版	××出版社

主要内容摘要：

　　　　　　　　　　　——摘自《　　　》××页

资料搜索小专家

☆怎样制作读书卡片☆

1. 卡片要做好编排分类。根据个人的设计安排而定,比如:可以定语文知识001、写作知识002、史地知识003、自然常识004……"类别"可以作为大的分类,进一步细分类可列为"细目"。如:"写作"可分外貌描写、动作描写、神态描写、景物描写、开头、结尾……总之,编排分类要合理,查阅要方便。

2. 卡片要写清"书名、作者、出版"栏。"书名"栏填写文章的题目。"出版"栏填写文章所登载的报刊杂志的名称。这三个栏目一定要填清楚。这样,如果要查阅作品原文就方便了。

3. 卡片内容一般都比较简短、精当。有的卡片可以增加"文句摘抄",把文章中的精彩片段或句子、词语抄下来。

4. 卡片可以使用特制的卡片纸,也可以用硬一些的白纸自己做,一般尺寸是12.5cm×7.5cm。如果再用一个专用的小盒存放,积累和使用起来就更方便了。

总结与反思

总结本次活动情况和同学们的表现。在总结汇报前首先要考虑,把什么样的主旨内容表达出来,理清思路。可以是一段活动结论,也可以是一段活动评价。其次要确定用什么样的方式来汇报,可以是一篇报告表,也可以是一组书籍图片,用介绍的形式来解说……大家都在期待着你们小组精彩的演说。

可根据下面的交流表进行小组讨论。

课题成果			班级	
所属主题			指导老师	
小组成员			组长	
在班级或全校进行展示汇报的方式(口头陈述、实物展示、多媒体演示等)				
汇报组内分工情况	成员		承担任务	
在班级进行展示汇报的提纲或步骤				

收获与体会

本次实践活动即将结束,在这一次的活动中你得到了哪些收获呢?

知识是无穷的,学习是无止境的。让我们和书籍成为一辈子的好朋友吧!

通过活动,你在其中是否找到了你的"益友"呢?把心里的快乐说出来,与大家一起分享吧!

我心底的小秘密

我懂得"朋友"真正的含义: _____

_____

_____

_____

_____

我的"良师益友": _____

_____

_____

_____

第二单元　感悟生活

单元概述

　　生活像一杯茶，只有细细地品尝，才能知道其中的味道。苦涩过后，你便会在脸上流露出甜美的微笑，因为你品到了这杯茶的精华。千万不要随意向里面添加冰糖，那样味道就不如原先纯净了！

　　本单元以"生活"为主题，可以从你身边的环境或你熟悉的事物入手，感悟生活的真谛。还在等什么呢？快快去看看都有哪些惊喜在等着你……

生活世界的奥妙

活动前奏

在日常生活中,会有很多的事情值得我们去深思,这叫作"从生活入手,悟现实之理"。不一定会是惊天动地的大事情,你身边的人偶尔的一个举动,也许会是你感悟生活的起点。不要去问终点在何方,因为在生活中要悟出的道理是不计其数的。在你熟悉的环境里,去体验生活给你带来的快乐,去尝试生活给你带来的磨炼,去感悟生活给你带来的启发,去记录生活给你带来的心得,去探究生活给你带来的奥妙……

让我们一起走进本次活动中,在感悟生活的同时,理解生活的真谛!

请同学们思考这样几个问题,要认真回答噢!

(1)你的生活观是什么?

(2)你知道生活代表着什么吗?

(3)在以往的生活中,你悟出了哪些生活的道理?

活动目标

☆能力目标

1.注意关注生活,关注社会,能从现实生活中发现问题。培养观察和表达、交流能力。

2.在实践中学会运用学过的知识、原理,加深对生活的真正理解,提高生活的质量。

☆情感目标

通过活动的开展,增长知识、开阔视野。在对生活有了更深的理解后,树立积极向上的生活观。

准备工作

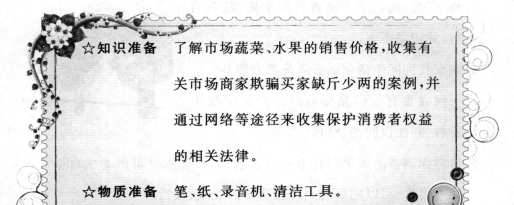

☆知识准备　了解市场蔬菜、水果的销售价格,收集有关市场商家欺骗买家缺斤少两的案例,并通过网络等途径来收集保护消费者权益的相关法律。

☆物质准备　笔、纸、录音机、清洁工具。

活动过程

现在,就让我们从生活的边缘向生活的实质慢慢探究吧! 看看你能从生活中发现什么? 又能从生活中感悟到哪些真理呢?

在活动前,看看同学们都是怎样讨论的吧。

☆活动一:收集调查

1. 到家附近的超市中调查各种水果、蔬菜的价格,并记录下来。

2. 向家长询问生活中的必需品都有哪些。

3. 上网收集有关商品交易的注意事项及相关资料,并加以归纳、整理。

4. 请将你调查的成果写在下面的表格里,或者你也可以尝试自拟一份调查报告,可以同你的老师和伙伴们交流、探讨。

调查报告

调查时间:＿＿＿＿＿＿＿

调查地点:＿＿＿＿＿＿＿

调查人数:＿＿＿＿＿＿＿

调查内容:＿＿＿＿＿＿＿

＿＿＿＿＿＿＿

调查成果

(1)＿＿＿＿＿＿＿
＿＿＿＿＿＿＿

(2)＿＿＿＿＿＿＿
＿＿＿＿＿＿＿

(3)＿＿＿＿＿＿＿
＿＿＿＿＿＿＿

(4)＿＿＿＿＿＿＿
＿＿＿＿＿＿＿

☆活动二:进入角色

你来当一次《小小商品交易会》的主导者!

本次活动可分为五个阶段,可由老师将班级同学分为四至五组,使人数平均,每小组推选一名组长,记录并最终汇报整个活动过程。各组之间在活动之前可开展交流、探究会议,然后分别进入到实践中。在活动实践期间,如遇到困难,可向其他组成员寻求帮助。成绩由老师根据各组汇报的总结报告来评定。在整个活动中,要相互探讨,相互帮助,要有团结合作的精神,才能更好地完成你的任务。

第一阶段:

在闲暇时间,由各组组长带领本组人员去市场调查行情,初步了解生活。市场的确是生活中的大话题,可以没有任何范围地去按你的思维想象,但要符合情理。在生活中,"市场"无处不在,"经济市场""人才市场""生活市场""利益市场"……就从你身边这个"生活市场"入手,去感悟生活带给我们的一切吧!

在调查期间,组内派一名代表去采访买卖人员,其他成员记录并补充问题,先做好准备,以备活动进入尾声之时,有更多的材料提供给本组成员。

在采访前,你又要做哪些准备呢?

采访前的准备

采访计划、采访表我们都已经做好了,接下来我们要干些什么呢?

1. 模拟采访,做好心理、语言和礼节方面的准备。

通过模拟采访我发现了:

_____

_____

_____

2. 采访时我们要注意的事项有:

_____

_____

_____

_____

_____

3. 落实采访的时间和被采访人。

4. 准备好采访所需的物品。

第二阶段:

  老师组织学生组成行动小组,成为"买卖公司",进行资料收集并整理活动(形成调查表或统计图)。通过网络、书刊、市场周报、之前的现场调查,收集相关资料。在组建"买卖公司"之前,要把任务分配到个人的头上,分好主次关系,以便更好地管理"公司"。

第三阶段:

  制订交易方案(包括要交易的物品、人员分工、成本核算、交易单价、赢利可能性及纳税办法等)。

下面是光明小学学生制作的交易方案,请同学们在行动之前参考一下这位同学所制订的方案。

我的交易方案

交易物品:_____(归纳分类)

_____

人员分工:_____(初步预计)

_____

成本核算:_____

交易单价:_____

制作人:_____

第四阶段:

　　开展商品交易活动。通过参与活动,在现实的交易环境中体验生活的本质,领略不同层面的生活景象,从而对生活更加热爱。可以交易的物品有很多,可以是你用过的文具,可以是你珍藏的宝贵物品,也可以是你家里被淘汰的简易家用小电器(比如:手电筒)……

他们的交易物品是什么呢?你准备拿什么与他人交易?

第五阶段:

开展勤工俭学活动。在之前的活动中,我们已经亲身体会到生活的不容易,在繁杂的社会上,从事任何行业都不可能一帆风顺,所以在日常生活中,要学会热爱生活。每组成员还可在闲暇之余到社区去帮忙打扫卫生,也可以到老人俱乐部为老人倒茶送水……这样不仅能使我们增长见识,还能更有效地加深我们对生活的理解,树立起积极向上的生活观。由组长分配工作,勤工俭学期间每组成员的表现,由组长向老师汇报,最后由老师评价总结。

☆活动三:知识搜索

通过上网、阅读书籍等渠道,解决以下几个问题:

(1)在你的印象中,生活包括哪些方面的内容?

(2)如何热爱生活?

(3)从哪一角度来感悟生活?

总结与反思

活动的结束,并不意味着你的思索也画上"圆满的句号"。请不要停止你在实践中投入的感悟,让你的生活更加多姿多彩吧!试着去评价本次实践活动,可以与本班同学交流,也可以有自己的想法。希望我们大家都能在实践中学会成长,在感悟中体验生活。

下面帮大家拟出评价的模式表,你可以尝试去填一填,填过之后,也希望你能拟出属于自己的评价表。

我来评一评

活动主题:＿＿＿＿＿＿＿＿　活动

创意指数: ☆☆☆☆☆

完成指数: ☆☆☆☆☆

推广指数: ☆☆☆☆☆

(注:给"☆"涂色,评出指数高低)

备注: ★★★★表示优秀,★★★表示良好,★★表示合格。

我的评价表

＿＿＿＿＿＿＿＿＿＿＿＿＿＿＿＿＿＿＿

＿＿＿＿＿＿＿＿＿＿＿＿＿＿＿＿＿＿＿

＿＿＿＿＿＿＿＿＿＿＿＿＿＿＿＿＿＿＿

＿＿＿＿＿＿＿＿＿＿＿＿＿＿＿＿＿＿＿

收获与体会

在本次活动中,或许你当过商人,或许你当过勤杂工,或许你当过销售员,或许……但你知道吗?生活中不仅仅是由这些元素组成的,作为每个有责任心的人来说,都要由表及里地看待生活,这样才能更有意义地感悟生活。

　　请把你的收获和体会写下来,不妨让你的爸爸妈妈看一看,或许他(她)们的脸上会流露出会心的微笑!

我的收获与体会

通过这次实践活动,我对自己有了更加深入的了解:

_____

_____

在日常生活中,怎样去热爱生活:

_____

_____

_____

为了更好地感悟生活,我为自己制订了一份成长计划:

_____

_____

_____

第三单元　关注他人

单元概述

在我们的周围，有一些人值得我们去学习，需要我们去关注。我们可以通过访问、调查等方式，了解这些人的生活、工作、学习等情况；了解他们的成长、经历，学习他们的可贵品质，并向有困难的人伸出援助之手。

虽然我是独生子女，但是我要学着关心别人……

我希望我能为周围的人做点什么。

……

关注战乱中的儿童

活动前奏

同学们，我们非常幸运地生活在和平年代。在我们身边没有硝烟弥漫，没有战火纷飞。我们的成长受到父母的呵护、老师的关爱和国家的关注。每天都成长在阳光雨露下的你是否想到，世界的某些角落正进行着罪恶的战争，许多和我们同龄的孩子没有宽敞的教室，没有足够的粮食和水……想到这些你的心中会有怎样的感触呢？

当今世界上正在遭受战乱的地区：_____

_____

_____

_____

活动目标

☆能力目标

1. 提高收集、整理资料的能力。
2. 提高与其他同学的合作能力。

☆情感目标

1. 通过调查研究当今世界上处于战乱中的儿童的悲惨生活,引发对弱者的关注。
2. 培养珍爱和平生活的意识,并且树立维护和平的志向。

准备工作

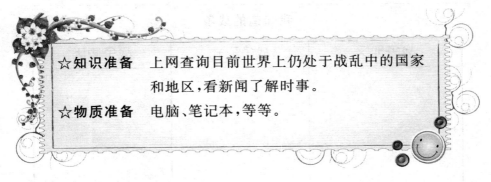

☆知识准备 上网查询目前世界上仍处于战乱中的国家和地区,看新闻了解时事。

☆物质准备 电脑、笔记本,等等。

活动过程

☆活动一:收集资料

同学们,你们每天看新闻吗? 会关注战争中被政府暂时安置的儿童的消息吗? 那一张张脏兮兮的脸,一双双惊恐的眼睛无助而绝望地盯着镜头,真让人心痛。我们能为他们做些什么呢? 只有呼唤世界和平,停止战争,呵护和平这朵"娇嫩之花"。呼吁全世界的人们都来关注战乱中的儿童,还他们一个幸福美好的童年。

我以前并没有关注战争中悲惨的孩子,他们正生活在水深火热之中,而我的生活与他们真是有天壤之别:

_____

_____

_____

_____

_____

_____

_____ 。

我知道的战争

战争地区	战争形式	战争原因

☆活动二：我想对你们说

给战乱中的小朋友的一封信

战乱中的小朋友：

　　你们好！看到伊拉克的战争,看到你们正和亲人逃难,我不禁潸然泪下。你们本应该像我一样在安静的教室里读书,由于战争的发生,你们失去了这美好的一切！在报纸上,我看到了几张有关战争的照片,我的心情久久不能平静。

　　第一幅照片的名字叫《生命与战火》,照片中的小朋友的母亲在逃难的路上病倒了,小朋友看上去才只有几岁而已！要是失去了母亲,他该怎么活下去呀！

　　第二幅照片中的小哥哥睁着一双绝望的大眼睛,望着后面的战火,好像在说:不要打了,我的亲人还在里面呢！

　　第三幅照片上的小妹妹,我虽然不知道你叫什么名字,但我可以看出你那渴望战争停止的眼神……

　　看着一张张照片,我的心里酸酸的,我深深地感受到了战争的残酷。在连绵不断的战火里,无数的儿童受到了伤害,失去了家园,失去了亲人,失去了童年的快乐,每天过着不安和痛苦的生活。

　　啊！让战争停止吧！让全世界的儿童都生活在和平的环境里！我们都不希望再有人因为战争而离开这个世界了。

我也想对你们说：

没有克服不了的困难，只要人人都献出一份爱，世界将充满阳光。

请不要对生活失去信心，请留一份阳光与希望在心底……

我们的爱与你同在……

☆活动三：现状调查

调查当今世界权威组织对战乱中儿童悲惨遭遇的关注程度。在调查前要确定正确的调查方法和想要查阅的问题。

我想查阅的问题：

(1)_____

(2)_____

(3)_____

调查方法

1. 要明确查找对象。可以到互联网上搜索相关问题。要锁定正确网站和关键词。

2. 会统计资料。自己制作一张统计表，将查阅到的权威数据分类记录在表上，做到一目了然。

3. 查找要有耐心。 切勿边查边玩，讲求工作效率。

资料分享

●根据联合国儿童基金会最新调查报告,索马里冲突各派都存在招募和使用童子军行为。最小的童子军年仅 9 岁。

●前儿童兵和青少年活动家伊诗米尔·毕说:"在各个阶段都考虑到儿童的感受是非常重要的。"

●前联合国儿童基金会执行主任安·维尼曼说:"对儿童的威胁正在加剧,他们不再仅仅被战火误伤,而是正在逐渐成为暴力、虐待和剥削的目标,以及成为无数武装组织对平民肆虐的受害者。"

●全球每年有 1000 万儿童在 5 岁之前夭折,其中 650 多万死于饥饿和营养不良,日均近 2 万名。让人嗟叹不已的是,专家指出,世界粮食总量并不匮乏,足以养活每一个人,只要援助及时,加上一些廉价药品和简单的医疗卫生服务,这些孩子大都可以存活下来。

●一份联合国的调查报告显示几十起低层次的冲突给世界各地数百万名儿童的生活带来毁灭性的影响。

我的统计结果：

☆活动四：尽我所能

　　看了这么多相关资料，善良的你也一定希望能够帮助那些正在遭受伤害的小伙伴，想同他们一起上学，一同分享妈妈做的可口饭菜，穿一样的漂亮衣服。可是，我们目前还没有能力去实现这些美好的愿望，这就要求我们自己来想办法……

我想到了……

　　拥有幸福和平静的生活是每个人都向往的,就让我们每个人都伸出双手,献出一份爱,照亮世界所有阴暗的角落吧!

总结与反思

经过本次活动，你觉得自己的表现如何？请对自己作出评价吧！

年级：_____   姓名：_____   小组：_____

班级：_____   学号：_____   填表日期：_____

评价内容	选项	自我评价
参与态度是否积极	是	
	不是	
	还可以	
能否快速、有效地收集资料	能	
	不能	
	还可以	
能否认真实施计划，做到诚实汇报	能	
	不能	
	还可以	

收获与体会

虽然我们只是小学生，但是我们的能量是无限的。参加完此次活动，我有很多收获与体会。

寻访革命老一辈及英雄人物

活动前奏

　　今天的幸福生活来之不易,我们不能忘记老一辈革命家的抛头颅,洒热血;我们也不能忘记无数英雄模范的无私奉献。我们要珍惜和平安定的生活,同时也要将这种无私奉献的精神发扬下去。

活动目标

☆能力目标

1.掌握收集资料、信息的技巧。

2.培养采访能力和人际协调能力。

3.提高人际沟通能力。

4.学习整理、归纳能力。

☆情感目标

1.通过研究学习了解抗日战争时期和解放战争时期老一辈无产阶级革命家甘愿献身的精神。

2.在活动中受到启发,了解幸福生活来之不易,珍惜身边的一切。

3.学习和发扬奉献精神。

准备工作

☆**知识准备** 阅读历史书,了解革命历史及新中国的那些默默为人民服务的英雄事迹;有条件可以亲自访问一下老一辈革命家;观看电视纪录片《人民英雄》或观看影片,如:《地雷战》《建国大业》等。

☆**物质准备** 历史书、电脑。

活动过程

☆**活动一:寻找奉献精神——小小记者忙**

如果你有条件与老一辈革命家交流的话,请珍惜机会,仔细倾听他们讲述的故事,体会一下它们与课文中的故事有什么不一样。

访问卡

我见到了……
他给我们讲了……
听着朴实的话语,我想说……

☆ 活动二:装满小小资料库

抗日英雄:葛振林

70多年前,他在河北狼牙山的纵身一跃,被定格为中华民族抗日战争史上最悲壮的一幕。2005年3月21日晚11时11分,在湖南衡阳169医院,狼牙山五壮士唯一的幸存者葛振林因肺功能、心脏功能、肾功能衰竭,经抢救无效,心脏停止了跳动,享年88岁。他充满血与火的人生从此永远定格。

葛振林出生在河北省曲阳县党城乡喜峪村。他于1937年5月参加革命,1940年2月加入中国共产党,参加过湘西剿匪和抗美援朝,历任参谋、连长、省军区警卫营长、衡阳军分区后勤处副处长等职。离休后一直住在衡阳警备区干休所安度晚年。

离休后的葛老仍发挥余热,担任了驻地10余所中小学的校外辅导员,经常去学校为孩子们说故事、讲传统、谈思想。他还先后到北京、河北、河南、湖北、广东、广西等10多个省(区)的部队、机关、学校和厂矿,义务做革命传统教育报告400余场次,听众40多万人次。

为人民服务的楷模:雷锋

雷锋,一个平凡的战士,却以一颗朴实无华的心创出了一番不平凡的业绩。不是吗?雷锋总是在任何可能的机会里自觉地真诚地全心全意为人民服务:路过工地,他会情不自禁地参加义务劳动,为社会主义建设添砖加瓦。雷雨之际,他用自己的被子去盖水泥。他对工作发扬钉子精神,干一行,爱一行,孜孜不倦地钻研业务,提高军事技术水平。正是这种闪光的共产主义思想,这种无私奉献的精神,使雷锋成为众人心中一盏不灭的灯,使平凡的事迹放射出璀璨的光芒!

☆活动三：整理与讨论

整理　通过各种方式收集英雄事迹的资料，进行分类整理。

讨论　原来，有这么多英雄事迹是我们所不知道的，快来开展一个主题班会，大家把故事讲出来，并发表自己的感想吧！

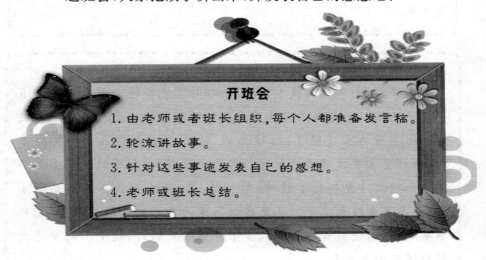

开班会

1. 由老师或者班长组织，每个人都准备发言稿。

2. 轮流讲故事。

3. 针对这些事迹发表自己的感想。

4. 老师或班长总结。

通过与其他同学交流，我不仅知道了许多革命英雄事迹，还知道了许多新中国成立后默默无闻地工作在各自岗位上，为人民无私奉献的人。

王进喜……
焦裕禄……
孔繁森……
向秀丽……

☆活动四：汇报与展示

通过开展班会，你的感想是：

总结与反思

经过几周的探索研究,你觉得自己的表现如何? 请对自己作出客观的评价吧!

班级:＿＿＿＿＿＿ 姓名:＿＿＿＿＿＿ 小组:＿＿＿＿＿＿

学号:＿＿＿＿＿＿ 填表日期:＿＿＿＿＿＿

评价内容	选项	自我评价
能否积极参与	能	
	不能	
	还可以	
能否快速、有效地收集资料	能	
	不能	
	还可以	
能否迅速整合资料	能	
	不能	
	还可以	
能否认真实施制订计划,诚实汇报	能	
	不能	
	还可以	

收获与体会

经过本次活动,你有了哪些收获与体会呢?将你的收获与体会记录下来吧!

我的收获与体会

通过这次研究活动,我对无私奉献有了更深的了解:_____

_____

_____

_____

我学会的新知识:_____

_____

_____

在整个活动过程中,我最深的体会是:_____

_____

_____

访问孤寡老人邻居

活动前奏

邻居,邻居,比邻而居。我们通常将临近自己居住地的其他居住者,称之为邻居。能够做邻居是一种缘分。

在邻居中,有一些家庭很和睦,有一些家庭很困难,有一些家庭成员各有特长,其中也有一些是孤寡老人。

这些孤寡老人他们年纪较大,生活比较困难,再加上精神上的空虚,生活很孤单。

　　俗话说"远亲不如近邻"，作为邻居，我们可以为他们做些什么呢？我们了解这些老人的生活情况吗？了解他们的内心需求吗？我们经常跟他们进行沟通交流吗？让我们一起走近孤寡老人邻居吧！

活动目标

☆能力目标
1.通过采访实践活动，提高选择采访对象、时间和地点的综合能力。
2.掌握一定的与人沟通的技巧，培养大方与人交往的本领和能力。
3.培养采访能力和人际协调能力。

☆情感目标
1.通过访问身边的孤寡老人，更深入地了解他们的生活情况。
2.通过访问身边的孤寡老人，学会关心他人，树立社会责任心。

准备工作

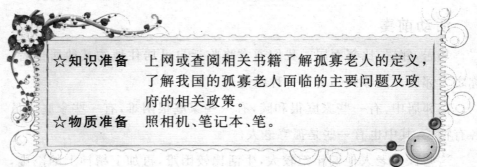

☆知识准备　上网或查阅相关书籍了解孤寡老人的定义，了解我国的孤寡老人面临的主要问题及政府的相关政策。

☆物质准备　照相机、笔记本、笔。

活动过程

☆活动一:制订采访活动方案

(一)确定采访对象

1. 采访对象必须是居住小区或村庄邻居中的孤寡老人。

2. 孤,这里是单独的意思;寡,指丧夫丧妇的独身老人。孤寡老人,应是指没有子女的老人或独身老人。

3. 平时了解或询问相关工作人员。对于访问对象的确定,我们可以根据自己平时的了解,也可以找相关工作人员进行了解,自己进行考察,确定一户具有代表性的孤寡老人为访问对象。

(二)选择访问地点

1. 事先考察对方家附近,看看有什么合适的地方:如家中,或是社区的休闲区,或是距离对方较近的某个成员的家中。

2. 小组讨论哪个地方比较好。

3. 至于最后访问的地点的确定,最好的当然就是在访问前征求对方的同意,最后由被采访人与小组成员一起来确定采访地点。

(三)选择访问时间

1. 小组讨论,我们有什么课余的可以随意支配的时间。

   中午放学、下午放学都有空余时间,周六、周日也都有空余时间;但是个别成员在周六、周日要参加各种社会培训班,有的成员中午要午休,最后确定大家在周一到周五放学后都有时间。

2. 想想老人什么时间最适合接受采访:中午老人也可能要休息,晚上要准备晚饭,去了也不方便;在下午 4 时至 6 时这一段时间应该是比较空闲的。

3. 最后选择大家都有空闲的时间,约定在下午放学后,4:30 集合出发进行访问活动,这时老人也会在家中,而自己也有足够的时间来进行活动,不会影响到学习。

(四)制订访问活动方案

　　最难的就是访问的内容的确定了。我们可以咨询自己的爸爸妈妈,看看可以从哪些方面来进行提问和采访。一般可以从了解老人的年龄和家庭情况,了解老人现在的生活情况,了解老人的需求等方面进行访问。

访问邻居中的孤寡老人活动方案

访问对象:×××

访问地点:家中

访问时间:星期一放学之后 4:30

访问目的:了解×××的家庭情况和现在的生活情况,了解×××的生活困难

访问内容:

1.×××的年龄

2.×××的身体情况

3.×××现在的生活情况

4.×××生活上的困难

访问工具:笔记本、笔、照相机

人员分工:(按照具体的访问内容进行分工)

1.×××和×××负责采访提问

2.×××和×××负责采访记录

3.×××负责采访照相

资料呈现方式:

访问照片、人物访问笔记、人物访问感受

☆活动二：开展访问实践活动

　　按照之前制订的活动方案，我们开始进行访问活动。

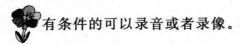　来到老人的家中，我们先不要急于进行访问，先可以看看老人有什么需要帮忙的，比如扫扫地，擦擦桌子，或者是给老人唱一首歌，等关系融洽之后就可以进行访问了。

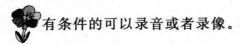　首先一定要非常有礼貌地说出访问的意图，征求老人的同意之后，就按照方案中设定的问题进行提问，其余的同学进行拍照和记录。

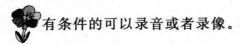　进行拍照的同学一定要多次地拍摄，以便选择最好的照片；进行记录的同学也要尽快地多记录一些文字资料。

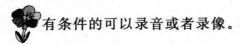　有条件的可以录音或者录像。

　访问完之后，一定要礼貌道谢，还可以为老人表演节目，让老人开心一下。

☆活动三：整理采访记录

温馨提示

　　我们可以将访问中的快速记录整理成翔实的采访记录：1.学会对采访的材料进行剪裁。2.可以将采访现场的环境写入文章中。3.采访稿中可将直接引用与间接引用相结合。

下面是"爱心小队"的访问记录稿,想想你的记录稿应该怎样写。

访问孤寡老人记录稿

时间:2012 年 5 月 8 日

地点:李奶奶家

采访者:光明小学五年(2)班爱心小队

采访对象:桂林路社区李奶奶

记录员:明明　佳佳

采访记录:

小记者:您好,李奶奶! 您今年有多大年纪了?

李奶奶:我今年有 81 岁了。

小记者:您现在的身体还好吗?

李奶奶:还可以,就是耳朵不大好使,还有腿脚不方便,有时有点腰疼,人老了,总是有很多的毛病。

小记者:您有退休工资吗? 现在每个月有多少钱呢?

李奶奶:我以前没有工作,就做点小菜生意,现在年纪大了,自己也赚不到钱,就靠政府每个月给的低保费用过日子。

小记者:那您现在一个月要用多少生活费呢?

李奶奶:两百多块钱的样子。

小记者:您现在每天一日三餐是怎么解决的呢?

李奶奶:早饭就吃点馒头,中午和晚上就自己做饭吃,每次做一个菜就可以了,一个人也吃不了多少。

小记者:谢谢您告诉我们这么多。希望下次再来访问您,可以吗?

李奶奶:好的,欢迎小朋友下次再来!

☆**活动四:交流与展示**

1.各组展示访问过程中所拍摄的人物及居住环境照片,以及采访照片,并附上简短的讲解。

2.各组展示讨论分析之后的采访稿。

3.说一说采访中发生的小故事,如有趣的事情,或遇到苦难是怎样克服的等等。

4.写一篇采访之后的感受,谈谈自己采访的体会。

5.大家讨论:作为邻居,我们可以为这些孤寡老人做些什么?

成果形式建议

(1)摄影作品

(2)录像片段

(3)采访稿

(4)采访感受

(5)采访中的小故事

总结与反思

本次活动即将结束,你觉得本次活动的开展情况是否达到了预期的目标? 自己的表现如何? 请作出公正的评价。

活动评价报告

收获与体会

经过本次活动后,你也一定会有不少收获吧!请把你的收获与体会和大家分享一下吧。

> 我觉得我可以将零花钱省下来,开展一次爱心活动,我还可以……
> _____
> _____
> _____
> _____
> _____
> _____
>
> 我要写一封倡议书来呼吁全社会都来关注孤寡老人:
> _____
> _____
> _____
> _____
> _____
> _____
> _____

第四单元 我与电视

单元概述

小小的电视机为我们敞开了一扇窗，透过它，我们能够欣赏自然界的神奇景观，领略异国他乡的人文风情，了解全球的时事动态，感受人世间的悲欢离合。但如果看电视的时间过长，就会影响我们的学习和休息。如果不对节目加以选择，则很有可能对我们的心理健康产生不良影响。所以在本单元的实践活动中，我们就一起来研究一下小学生该怎样看电视。

我最喜欢的电视节目

活动前奏

看电视是我们在日常生活中休闲娱乐的一种最普遍的方式。它开阔了我们的视野，丰富了我们的生活。几乎每个孩子的童年都少不了动画片的陪伴，从那些活泼可爱的卡通人物身上，我们领悟到了人生的智慧，感受到了人性的善良，体会到了人间的正义。同学们，除了动画片，你还喜欢看哪些电视节目呢？这些节目在带给你轻松快乐的同时，是否也陶冶了你的情操，增长了你的知识呢？让我们来交流一下各自喜爱的电视节目吧！

活动目标

☆能力目标

1. 通过自己对电视节目的了解,初步认识到电视对我们的生活所产生的影响。

2. 通过查阅资料,对现有的电视节目进行大致地归类,对各类电视节目的内容和特点作初步了解。

3. 在活动中锻炼收集、整理、归纳、处理信息的能力。

4. 通过对电视节目类型的了解,学会选择适合自己观看的电视节目。

☆情感目标

通过对电视节目的选择从而懂得在生活中要学会取舍,凡事都要坚持适度原则。

准备工作

☆**知识准备** 通过互联网、报纸、杂志等渠道收集电视节目评论,掌握大众对电视节目的评论导向,并将这些评论分类记录。

☆**物质准备** 笔记本、电脑、电视报等。

活动过程

☆**活动一:调查准备**

1. 调查身边的同学平时都喜欢收看哪些电视节目。

2. 采访父母和老师,请他们就"小学生适合看哪些电视节目"这个问题给我们提供一些建议。

☆**活动二:分组,落实任务**

　　每个人根据自身情况,认真填写下面的活动调查表。依据调查结果,分成四个小组,每组由小组长带领成员准备资料。

活动方向调查表

班级：　　　　　　　　　　　　　　　　　姓名：

调查内容	我的观点
我最喜欢的电视节目是	
我最喜欢这个节目的原因是	
我认为适合我们小学生观看的节目应该具备这样的条件	
我知道在全国收视率较高的少儿节目有	

小学生喜爱的电视节目调查表

调查人数：	调查范围：		调查地点：	
喜欢的电视节目	原因	不喜欢的电视节目	原因	

☆活动三：开展调查研究

小学生喜欢的电视节目

　　利用课余时间采访身边的同学,请他们说说自己平时最喜欢看哪些电视节目,采访的过程中要做好记录。采访结束后要做一个简单的总结,统计一下哪类节目最受同学们欢迎,想想同学们为什么喜欢这类节目,它对我们的启示是什么。

我最喜欢《今日说法》，这个节目让我了解了很多法律知识……

我最喜欢看《开心辞典》，它让我懂得知识是可以帮助我们实现梦想的。

制订方案需要注意的问题

1. 方案要具体细致，关于时间安排、人员分工、活动内容、方法步骤、活动目标及每个阶段的任务，都要一一细化。

2. 要根据小组成员的特点、优势做好分工。

3. 要充分分析和估计我们现有的条件，找准优势和不足，以保证方案中的活动内容和活动时间都切实可行。

4. 方案制订后要反复讨论，并征求老师和同学的意见，还要在活动中不断修改和完善。

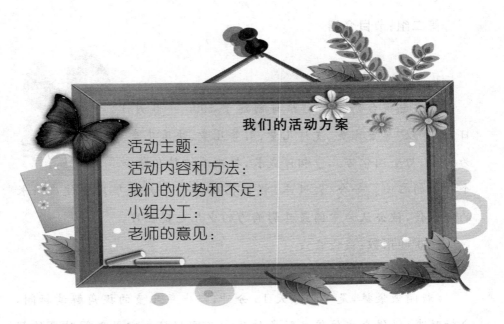

我们的活动方案

活动主题：
活动内容和方法：
我们的优势和不足：
小组分工：
老师的意见：

☆活动四：综合成果展示

第一组：小学生喜欢的电视节目

我喜欢《大风车》这个节目，
因为这个节目中有我喜欢的动画片，还有我喜爱的主持人。

我喜欢《新闻袋袋裤》这个节目，
因为它让我了解了许多其他地区小朋友的事情。

我喜欢_____这个节目，
因为_____
_____
_____

第二组:节目介绍

1. 大风车

中央电视台《大风车》栏目创建于 1995 年 6 月 1 日,栏目以"尊重儿童、支持儿童、引导儿童、快乐儿童"为使命,与全国亿万儿童相伴成长,把欢乐播种在每一个孩子的心田。如今《大风车》栏目已成为了广大少年儿童健康成长的好伙伴,被公认为中国最具影响力的少儿电视栏目。

受欢迎指数:☆☆☆☆

2. 新闻袋袋裤

《新闻袋袋裤》是一档每天 15 分钟,以少年儿童的视角解读新闻,分析时事,提供全方位信息服务的儿童新闻栏目。它是新闻时事的解读者,少儿活动的发布站,是少年儿童了解世界的窗口。

受欢迎指数:☆☆☆☆

我向大家推荐的节目:

推荐理由:

第三组:小小电视报

1.为什么不能长时间看电视?

　　长时间看电视对健康十分有害。看电视时,人的眼睛一直盯着荧光屏,强烈的亮度和色彩变化会使眼睛疲劳,损害视力。电视机还会对人体产生电磁辐射,危害人体健康,所以看电视时间不宜过长。

　　长时间看电视导致人的言语交流能力下降。人的言语交流能力是在反复练习中获得的,经常看电视的儿童会出现语言刻板,在与人交往中出现障碍。现在很多儿童在和别人说话的时候都不看对方的眼睛,就是长期看电视的结果。5 岁至15 岁的儿童如果长期长时间看电视,到 26 岁时,会有 41％的人身体超重或肥胖。长时间看电视不仅会导致小朋友缺乏运动,而且许多儿童还喜欢边看电视边吃零食,很容易引发肥胖。

2.看电视三忌

一忌位置近。电视机的屏幕强光很伤眼睛，尤其是对儿童，会导致近视，甚至引起其他眼疾。因此，必须根据屏幕大小选择最佳位置，看电视的合理距离为 3 米以上。

二忌坐不正。儿童正处在长身体的时候，如果看电视时歪歪斜斜地坐着，容易使尚未定型的脊柱发生异常弯曲。因此，看电视时要端正坐姿。

三忌光线暗。电视机高度要均匀适中，太强或太弱对眼睛都不好。而电视机亮度的调节与观看背景亮度有关。为了保护视力，如果在黑暗的房间里看电视，最好在电视机的侧面开一盏亮度较弱的灯。

我现在明白为什么父母不让我们看太长时间的电视了。

原来看电视时离屏幕太近有这么多危害呀！

边看电视边吃饭，是很不好的习惯。

我们在看电视的时候一定要注意保护视力。

总结与反思

亲爱的同学们,本次活动已经顺利结束了,快来对自己在活动中的表现作一个客观的评价吧。

学生姓名:＿＿＿＿＿＿　　填表日期:＿＿＿＿＿＿

评价内容	选　项	自我评价
你能否大方、主动地进行调查	能	
	不能	
	还可以	
你能否与小组同学愉快地合作	能	
	不能	
	还可以	
你能否通过上网、查阅图书等形式了解需要的信息	能	
	不能	
	还可以	

同学们是如何评价你在活动中的表现的呢？快来看看吧！

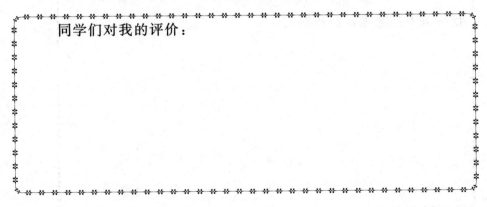

同学们对我的评价:

收获与体会

经过这次探究活动,同学们对怎样看电视,怎样选择电视节目有了更多的了解。你自己又有怎样的收获和体会呢,赶快记录下来吧!

我学到的新知识:

与前几次活动相比我在这几方面有了进步:

我在以下方面需要更多努力:

第五单元 我与健康

单元概述

对于每个人来说，最大的幸福是什么呢？那就是拥有健康的身体。也许在日常生活中，你没有认识到健康的重要性，但它却是我们能拥有幸福生活的一个非常重要的前提。只有身体健康，我们才能集中精力去认真学习，才能有充沛的体力在运动场上一展英姿，才能有愉悦的心情去欣赏大自然中的鸟语花香……因此人们常说：有健康才有将来。同学们，为了我们能拥有更加美好的将来，从今天开始，让我们一起来关注健康吧！

我是小小营养师

活动前奏

过去人们一直认为糖尿病患者主要是老年人，但近几年人们惊讶地发现，越来越多的孩子也患上了糖尿病。医学家们经过调查研究，认为出现这种现象是由于现在的孩子食用了过多的高脂肪食物，造成肥胖，而肥胖的人极易患糖尿病。这不得不引起我们的重视，一个人的饮食问题，关系到他的健康。因此，在本次活动中，我们要一起认识食物，了解怎样的饮食习惯才是科学合理的,了解不健康的饮食习惯会给我们的身体带来哪些危害,帮助同学们养成健康的饮食习惯。

活动目标

☆能力目标

1.了解调查活动的一般过程,初步懂得探究问题的方法。

2.了解青少年成长过程中所必需的营养成分。

3.认识垃圾食品对身体的危害。

4.认识挑食、偏食对青少年成长的不利影响。

5.了解不同食物所含有的营养成分。

6.培养学生调查、搜集、整理材料的能力,养成主动探究、敢于实践、合作交流的能力。

7.培养学生深入社会、关心社会,从身边发现问题思考问题并解决问题的能力。

☆情感目标

1.通过开展调查活动,培养团体合作意识,感受与他人合作、交流的乐趣。

2.培养关注饮食健康的意识,养成合理的饮食习惯。

准备工作

☆知识准备　查阅有关营养与健康方面的书籍,了解哪些食物有利于身体健康,哪些食物容易给身体带来不利影响。上网查阅资料,了解什么样的饮食习惯是科学合理的。

☆物质准备　数码照相机、笔记本、食物营养表等。

活动过程

☆活动一：问卷调查

饮食习惯调查问卷

年龄： 性别： 身高：（cm） 体重：（kg）

调查内容	选 项
1.你平时吃早餐吗?	A. 每天都吃　　B. 偶尔不吃 C. 偶尔吃　　D. 从来不吃
2.你喜欢吃零食吗?	A. 非常喜欢,天天吃 B. 比较喜欢,经常吃 C. 不太喜欢,偶尔吃 D. 不喜欢,从来不吃
3.你平时最爱喝什么?	A. 可乐　　B. 果汁 C. 矿泉水　　D. 白开水
4.你喜欢吃蔬菜吗?	A. 非常喜欢,蔬菜很有营养 B. 有些蔬菜很喜欢,有些不喜欢 C. 不喜欢,还是肉好吃
5.这些食物中你最喜欢的是?	A. 水果　　B. 巧克力 C. 汉堡包　　D. 炸薯条

☆活动二:数据统计

　　本次活动我们共收到调查问卷_____份,统计结果如下:

调查内容	调查结果		
平时吃早餐的同学	A.大部分	B.一半	C.很少
喜欢吃零食的同学	A.大部分	B.一半	C.很少
平时爱喝饮料的同学	A.大部分	B.一半	C.很少
喜欢吃蔬菜的同学	A.大部分	B.一半	C.很少
喜欢吃水果的同学	A.大部分	B.一半	C.很少

☆活动三:分组讨论

应该让大家知道经常喝矿泉水和饮料是不健康的。

同学们大都喜欢吃零食,这其实是一种不好的习惯。

我们应该让大家认识到蔬菜和水果是非常有营养的。

很多同学不吃早餐,我们应该让大家认识到早餐的重要性。

☆**活动四:明确任务,分头行动**

1.资料收集组

　　通过书籍、报刊、杂志、网络等渠道,收集哪些食物有营养,多吃对身体有好处,哪些食物危害大,多吃会对健康产生不利影响。

2.调查组

　　分别调查本班同学中身体偏胖、身体瘦弱、身体强壮同学的饮食情况。

什么是调查

　　调查,就是到实际生活中了解情况。调查有多种方法,同学们可先从最简单的做起。

　　调查前,要做好准备工作,比如,要向什么人调查,要调查什么问题,带好访问记录的工具等。

　　在调查采访中,还要注意使用礼貌用语,做好记录。

3.采访组

　　大家可以去采访校医,向他请教一些有关饮食健康方面的问题。比如,挑食会对我们的成长产生哪些不利影响? 多吃零食为什么不好? 喝开水是否比喝饮料更健康? 等等。采访时一定要做好记录。

4.摄影组

抓拍一些能反映同学们不良饮食习惯的镜头,比如吃零食、挑食、暴饮暴食、吃垃圾食品等。还可以到快餐店拍摄一些快餐食品的照片。

☆活动五:综合成果展示

1.蔬菜家族 PK 水果家族

同学们每人扮演一种蔬菜或水果,组成蔬菜家族和水果家族,轮流上场介绍各自所具有的营养价值,请现场观众投票支持自己所在的家族。

我们蔬菜都有非常丰富的营养,可以让小朋友的个子更高哦!

我们水果不仅营养丰富而且味道可口,请给我们投票吧!

到底哪个家族会得到最高的票数呢? 这个可很难说,因为它们都非常有营养,而且都含有一种对人体来说非常重要的东西,就是维生素,它是维持人体生命活动必不可少的有机物质。蔬菜是我们吃的所有食物当中最重要的食物。它是人体所需要的胡萝卜素、维生素 B_2、维生素 C 和无机盐的重要来源。蔬菜中的纤维素、果胶和有机酸,对促进人体消化起着非常重要的作用。

有些水果的味道绵甜可口,有些酸甜适中,而且里面含有丰富的营养物质,小朋友非常喜欢吃。水果也是为人体提供维生素 C 和无机盐(比如:钙、钾、铁、铜)的重要来源。蔬菜和水果就像一座取之不尽、用之不竭的维生素大仓库。

维生素就是这么奇妙,有的小朋友还要挑食,不喜欢吃蔬菜和水果,使正在生长发育的身体补充不到足够的维生素和其他的营养物质,这是多大的损失呀!

2.健康手抄报

快餐食品不健康

汉堡包、比萨饼、拉面、咖喱饭、可乐等食品叫作速食食品,或者称为快餐。快餐的意思是做起来方便,且随时随地都能够买到。

快餐在不知不觉中已经在我们的饮食文化中深深地扎下了根。快餐不仅吃起来方便简单,而且也能像
吃零食一样随时买来吃上一口。不过,
这些快餐食品对我们的身体有很多危
害。科学家们认为,这些快餐使我们患上
高血压、肥胖症、心脏病的危险大大提高。
同时,经常吃这些快餐食品,就会使我们缺
乏身体必需的维生素、无机物、蛋白质等营养物质,从而给我们的健康带来
诸多不良影响。

那么,这是不是说,以后我们就应该完全杜绝吃这些快餐食品呢?
当然,偶尔吃一两次快餐食品,并不能对我们的
健康构成威胁。在吃快餐食品的时候,我们应
该尽可能多吃一些蔬菜、水果,以补充快餐中缺
乏的营养元素。但最好还是尽可能避免吃这些
快餐食品,尽量按时在学校的食堂吃套餐,或者
在家中吃妈妈精心为你准备的食物。

贪吃零食的危害

吃零食可不是一个好习惯。吃零食会打
乱肠胃消化的规律,使肠胃随时分泌消化液,
而到吃饭的时候,消化液就会分泌不足,影响正常的营养吸收。时间
长了,就会导致厌食或营养不良,从而有碍身体健康。儿童吃零食对
牙齿的健康也有很大影响,特别是10岁以前,牙齿正处在发育阶段,如

果营养不良,牙齿的发育就会受到影响。

美国营养学家通过研究证明:在某种意义上,贪吃零食和受到辐射一样会让人易患癌症。

儿童少吃零食对身体并无影响,平时吃零食也应有比较固定的数量和时间。一般在饭前和睡前不能吃,特别是晚上睡前更不能吃糕饼糖果之类的零食。

一日三餐很重要

俗话说:"早饭吃好,中饭吃饱,晚饭吃少。"这是很有科学道理的。因为一天中,上午的课比较集中,所以小朋友的体力消耗大,需要补充能量。千万不能不吃早餐哦,饿起来的滋味可是很难受的,头晕眼花,没精神,还在上课时迷迷糊糊打起瞌睡来,严重时甚至很有可能会晕倒。这都是因为不吃早餐血糖降低的缘故。中餐也一样,如果不吃中餐,便没有精力来学习。中餐一般是一天中进食最多的一餐,所以食物要丰富些。各种蔬菜和荤菜都得有,以保证身体摄取足够的热量和营养物质。晚饭也不要忽视了。在这个时间,身体的活动量减少了,需要的热能较少,消耗也不多。如果吃得很多,反而加重了消化器官的工作负担,会妨碍消化和营养吸收,晚上睡觉还会做噩梦呢!晚餐最好吃些蔬菜之类清淡的食物,让我们肠胃在夜间能好好地休息。

3.养成喝开水的好习惯

少年儿童的抵抗力不是很强,喝了生水之后容易生病,长期饮用生水,对成长不利。我们衡量水是否干净的标志,就是要看它有没有经过消毒。将水烧开是给水消毒的最常见的办法之一。实验证明,当烧开之后,水温达到100摄氏度时,水中含有的大量病菌、病毒、寄生虫卵全被消灭，从而达到消毒作用。这样的水，我们喝了之后才是安全无害的。另外，科学家研究发现，如果多喝20摄氏度至30摄氏度的新鲜白开水，可以预防和治疗咽喉炎和上呼吸道黏膜炎。对某些皮肤病也有治疗作用，更有利于少年儿童健康成长。因此，少年儿童要养成喝开水的好习惯。

4.营养师大对决

每个小组派出几名小营养师，两组营养师互相提问，看谁懂得最多，回答得最好，谁就是"金牌营养师"。

问题1:为什么饮料不能多喝?

饮料喝多了对健康有害。因为多数饮料中都含有碳酸、香精及色素，喝多了会破坏肠胃正常功能，还会引起腹泻。一些加入维生素及矿物质的饮料看似有营养，但喝多了也会使肌体营养失衡，干扰正常的代谢。

问题2:哪些饮料适合儿童饮用?

乳酸饮料与牛奶的营养价值差别很大，不能代替牛奶;果汁饮料与果汁所含成分不同，果汁饮料是由果汁加水调兑而成，两者都不能代替水果;碳酸类饮料营养低，热量大，含糖分多，不宜多饮。酸奶、牛奶营养丰富，其中的钙极易被人体吸收，对儿童的生长发育十分有益,可多饮用。

问题 3：吃得太饱好不好？

　　一个人不管胃口有多好，他的胃容量和消化能力总是有限的。如果吃得太饱，就会影响胃肠的蠕动和消化液的分泌。时间长了，容易得消化不良病。

　　如果吃的食物超过了身体的需要量，多余的糖会转化成脂肪，使人易得肥胖病。这样一来，会加重心脏的负担。身体积存的脂肪太多，还会生成过多的胆固醇沉积在血管壁上，这样，长大以后，就可能得心血管病，影响身体健康。

5.欣赏小品《偏食的孩子总生病》

　　根据收集到的资料编排几个小品，让大家在笑声中意识到健康饮食的重要性，同时还可以检验一下你是否有当导演或演员的天赋！

6.大显身手

　　我们已经了解了这么多有关饮食健康的知识，赶快将这些知识应用到实践中吧！请你为家人设计一周的食谱，要注意食物的搭配要科学合理。

我的爱心食谱

时　间	早　餐	午　餐	晚　餐
星期一			
星期二			
星期三			
星期四			
星期五			
星期六			
星期日			

总结与反思

本次活动已经在同学们的阵阵笑声中落下帷幕了,你在这次活动中的表现如何呢? 请同学们为你填写下面的评价表吧!

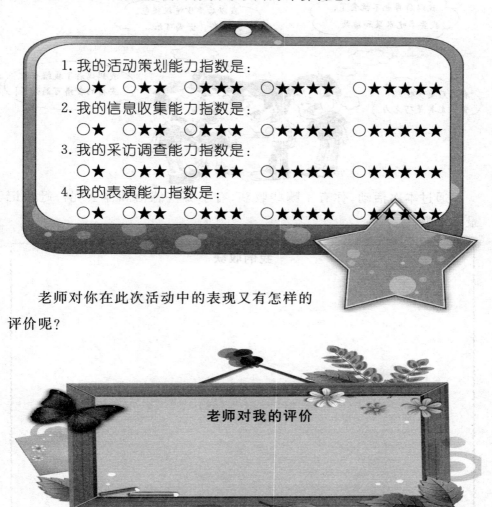

老师对你在此次活动中的表现又有怎样的评价呢?

老师对我的评价

收获与体会

我以后再也不挑食了，我要多吃水果和蔬菜。

我以后要少吃汉堡包、炸薯条，少喝可乐。

我以后要少吃零食，尤其是巧克力。

我妈妈看了我给全家安排的食谱可高兴了！

通过本次活动，你有了哪些收获，有了哪些感悟和体会呢？赶快记录下来吧。

我的收获

第六单元　我爱动物

单元概述

你也许住在乡村，也许住在城市，无论你住在哪里，都一定见过动物吧，千姿百态、大大小小的动物，遍布在世界各地。

也许你特别喜欢一些动物，也许你会厌恶一些动物，但无论如何，我们应该明白，动物和人类的关系太密切了，动物是人类的朋友，地球不能没有动物，让我们一起来了解它们吧。

我家的小金鱼

活动前奏

　　每次去花鸟虫鱼市场，你是否会被那些五彩缤纷的小金鱼所吸引呢？它们姿态优雅，惹人怜爱，你一定很想自己养几条漂亮的小金鱼吧！但是养金鱼可不是一件容易的事情哦，不但需要足够的耐心，还需要了解一些养鱼的常识和规律，如果你也想拥有一缸健康、活泼的小鱼，就跟着我们一起来学习一下吧！

活动目标

☆能力目标

1.观察了解金鱼的生活习性。

2.做笔记,养成细致观察生活中的点点滴滴的习惯。

3.通过调研了解喂养金鱼的科学方法。

☆情感目标

增强爱护小动物的意识。

准备工作

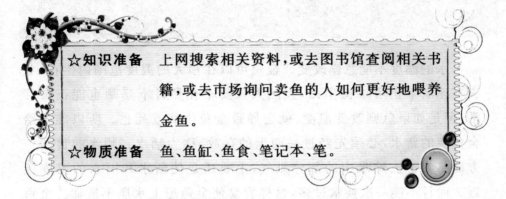

☆知识准备　上网搜索相关资料,或去图书馆查阅相关书籍,或去市场询问卖鱼的人如何更好地喂养金鱼。

☆物质准备　鱼、鱼缸、鱼食、笔记本、笔。

活动过程

☆活动一:水质很重要

　　金鱼买回家后不要急于放入鱼缸中,要先将装鱼的塑料袋放入鱼缸 10 至 20 分钟后再打开,然后将鱼缸中的水分几次倒入袋中,同袋内原先的水逐步混合,以使鱼儿逐步适应水温、水质。如有灯光照射,应将灯光关掉,在黑暗中鱼儿会比较安静,不易受惊。鱼受惊是得病的重要原因之一。

  水的温度不能急剧改变。金鱼可以在很大的温度范围内生存,冬天在冰层下仍可维持生命,大热天只要不在烈日下暴晒也能正常存活,但是如果急剧改变温度,就会导致金鱼生病或死亡。所以准备给金鱼换的新水,必须先经过一两天的存放,称为晒水。晒水的目的一方面是为了去除水中的部分氯气,主要还是使新水和旧水的温度接近。而且不能一次换水过多,这样容易使金鱼患上水质不适症。金鱼已适应了在原来的水质中生活,如果全部换水突然改变了水质,金鱼会因无法适应而患上水质不适症。如需要彻底清洗鱼缸时,亦应留好部分旧水,洗完鱼缸后将旧水倒回鱼缸内后再加新水。

看来水质真的很重要。

☆**活动二：喂食物**

　　首先,要注意鱼食的投放密度。养鱼要注意控制投食,小缸养鱼以每天一至两次,三至五分钟内吃完为宜。阴雨天更要少喂食,晚间不喂食。鱼在消化食物时需要消耗更多的氧气,阴雨天、晚间气压较低,溶入水中的氧气本来就少,如果此时喂鱼将可能导致鱼在水中严

重缺氧而死亡。这类事情大都发生在晚间,水中严重缺氧是主要原因之一。其次,饵料一定要清洁。喂食了不洁鱼饵,极易导致鱼病的发生。建议购买由专业公司生产的品牌冷冻新鲜食料,如血红虫、丰年虾等,再辅以豆类及蔬菜,以维持全面的营养。活食虽然是金鱼的美食,但活食都生长在污染的水环境中,投放活食要慎重,对较大的金鱼可适当喂些面包虫。

☆活动三：鱼缸环境

缸子小，要放些食盐，把水调整到微微咸。此法是小缸饲养必须做的，不然，水霉是很容易侵袭你的金鱼的。

圆形的缸子，水面要控制在缸体最宽处。方正的，水要控在到一半的位置。

不要在缸里放水草、石头等，裸缸饲养麻烦少。

你知道其他的知识吗？

☆**活动四:交流讨论**

　　经过以上的学习,你是否已经学会怎样喂养你的小鱼了呢? 看它活泼可爱的样子,你一定很有成就感,快来分组讨论一下你们的养鱼经验吧!

 第一组:

 第二组:

 第三组:

 第四组:

 第五组:

 第六组:

总结与反思

经过几周的探索研究，你觉得自己的表现如何？请对自己作出客观的评价吧！

班级：_____ 姓名：_____ 小组：_____

学号：_____ 填表日期：_____

评价内容	选　项	自我评价
参与态度是否积极	是	
	不是	
	还可以	
能否快速、有效地收集资料	能	
	不能	
	还可以	
能否快速整合资料	能	
	不能	
	还可以	
能否认真实施计划，做到诚实汇报	能	
	不能	
	还可以	

收获与体会

经过几周的观察和研究,你有怎样的收获与体会? 赶快记录下来吧!

我的收获

我学到的知识:

我学会的新方法:

我在以下方面希望得到老师、同学的帮助:

我在以下方面需要更加努力:

寻找国宝大熊猫

活动前奏

性情温驯、行为逗人喜爱的大熊猫是人们最喜爱的野生动物之一。

大熊猫是我国的国宝,也是濒危的珍贵稀有动物。距今几十万年前是大熊猫的极盛时期,大熊猫曾广泛分布于我国东部,后来同期的动物相继灭绝,大熊猫却孑遗至今,并保持原有的古老特征,因而被誉为"活化石"。

大熊猫不仅被誉为"活化石",还是我国的国宝。你想知道它们喜欢吃什么吗?它们喜欢和哪些小动物交朋友,而不喜欢和哪些小动物打交道?它们擅长爬树吗?……一起去大熊猫的世界看看吧!

活动目标

☆能力目标

1.通过观察大熊猫,了解大熊猫饮食、活动范围等生活习性。

2.通过对大熊猫的生存发展历史的了解,探索野生动物繁衍的科学规律。

3.提高收集、整理信息的能力。

☆情感目标

1.培养爱护大熊猫及其他动物的意识。

2.增强热爱大自然的情感。

准备工作

☆知识准备　观看《动物世界》中关于大熊猫的介绍;查看

百科全书中关于大熊猫的知识;上网搜索大

熊猫的生活习性;看新闻,了解国宝——大

熊猫为我国做出了哪些贡献。

☆物质准备　照相机、望远镜、电脑。

温馨小·贴士

1. 到动物园中的大熊猫馆,要保持肃静,不要

大声喧哗。

2. 用照相机拍下大熊猫的各种生活状态。

3. 用望远镜仔细观察大熊猫的生活习惯。

4. 随时记录观察到的现象。

活动过程

☆活动一：寻找"活化石"——动物园一游

由老师带队或者周末在家长的陪同下，去动物园参观大熊猫。

观察表

观察时间：	观察地点：
熊猫吃什么？	
熊猫玩什么？	
熊猫的作息时间：	

熊猫的一天过得真充实呀！

☆活动二:装满小小资料库

性情温驯、行为逗人喜爱的大熊猫现已被世界野生动物协会选为会标。其体长 120～180 厘米,尾长 10～20 厘米,体重 60～110 千克。头圆而大,前掌除了 5 个带爪的趾外,还有一个第六趾。躯干和尾白色,两耳、眼周、四肢和肩胛部全是黑色,腹部淡棕色或灰黑色。

都说我们大熊猫是"穿着礼服的绅士"呢!

在动物学上,大熊猫属食肉目。据考证,大熊猫的古代名称有貘(mò)、白豹、虞等。在 200 多万年前的更生世早期到 100 万年前的更生世中晚期,大熊猫已经广布于我国南半部,组成了"大熊猫——剑齿象群落";今天该动物群的许多物种已经灭绝,而大熊猫却一直存活下来,所以大熊猫有"活化石"之称。

大熊猫是我国的国宝,更是濒危的珍贵稀有动物。迄今为止,全世界200多个国家和地区几乎濒临绝迹的大熊猫,只有在我国的四川、陕西、甘肃部分地区的深山老林中才能找到它们的身影。

☆**活动三:整理与讨论**

整理 通过观察和收集资料,你一定整理出了关于大熊猫习性的资料,把它们编排好,做个小汇报吧!

讨论 我们要彼此交换收集的资料,还要交流观察大熊猫习性的心得。

☆**活动四:汇报与展示**

经过讨论与整理,把每一组的成果都展示出来吧!

第一组:

大熊猫

别名 竹熊、花熊

学名 Ailuropoda melanoleuca

英文名 giant panda

大熊猫科 Ailuropodidae

分布 四川、陕西、甘肃局部地区

国家一级保护动物

第二组:

竹林隐士

大熊猫生性孤僻,常分散独栖于茂密的竹丛中,故得雅号"竹林隐士"。大熊猫善于爬树,以便逃避敌害、沐浴阳光、嬉戏玩耍。

第三组：

嗜好饮水

大熊猫常生活在清泉流水附近,有嗜饮的食性。有时,也不惜长途跋涉到很远的山谷中去饮水。一旦找到水源,好似一个酗酒的醉汉躺卧溪边,畅饮之后,以至"醉"倒不能走动。因此有"熊猫醉水"之说。

第四组：

大熊猫为食肉目动物,但它们的食物成分的99％却是高山深谷中生长的20多种竹类植物。随着季节变化,大熊猫食谱中的竹种和所食竹部位也有差异,最喜爱的是竹笋。竹笋鲜嫩多汁,适口性好,易消化吸收,是大熊猫的美味佳肴。每年从春季到秋季,为了吃到不同海拔高度不同种类的竹子、竹笋,大熊猫的觅食从中山向高山迁徙,这叫"赶笋"。

第五组：

……

经过几周的观察，你一定对大熊猫十分熟悉了。在观察中，你一定也用手中的照相机拍摄了许多大熊猫憨态可掬的模样。快贴出来与小伙伴们分享一下吧！

展示栏

总结与反思

亲爱的同学们,本次活动已经顺利结束了,快来对自己在活动中的表现作一个客观的评价吧。

学校:_____ 班级:_____ 小组:_____

姓名:_____ 填表日期:_____

评价内容	选项	自我评价
你能通过独立思考制订出自己的设计方案吗?	能	
	不能	
你能成功克服在方案实施中遇到的困难吗?	能	
	不能	
你对自己的作品感到满意吗?	非常满意	
	不太满意	
	还可以	

下面再看看同组的小伙伴们给你的评价吧。

✳✳✳✳✳✳✳✳✳✳✳✳✳✳✳✳✳✳✳✳✳✳✳✳✳✳✳✳✳✳✳✳
✳ 小伙伴的评价: ✳
✳ ✳
✳ ✳
✳ ✳
✳ ✳
✳ ✳
✳ ✳
✳✳✳✳✳✳✳✳✳✳✳✳✳✳✳✳✳✳✳✳✳✳✳✳✳✳✳✳✳✳✳✳

收获与体会

通过这次活动,你有怎样的收获和体会呢? 赶快记录下来吧!

我在活动中遇到了这样的难题:

我是这样解决的:

我的收获:

第七单元 我爱探究植物

单元概述

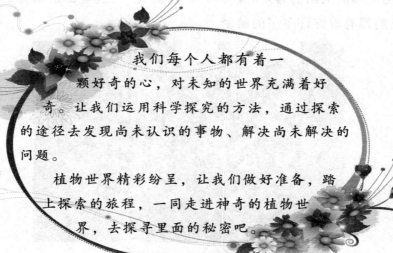

我们每个人都有着一颗好奇的心,对未知的世界充满着好奇。让我们运用科学探究的方法,通过探索的途径去发现尚未认识的事物、解决尚未解决的问题。

植物世界精彩纷呈,让我们做好准备,踏上探索的旅程,一同走进神奇的植物世界,去探寻里面的秘密吧。

植物世界探秘

活动前奏

据统计,现在已知的植物种类达 30 多万种。人们将它摆放在办公室里,美化环境;将它摆放在自己的家里,为家增添色彩;将它送给他人,那是表达自己心意的最佳礼物。可你知道什么花能融化冰雪?什么花历经百年才开一次?哪种植物的种子勇夺"世界上最小种子"的桂冠?哪种植物能预测火山的爆发,被称为"不祥之花"?这些都是植物的特殊本领,它们都有着许许多多的秘密。

活动目标

☆能力目标

1. 对科学探究活动有一个基本的了解。

2. 学会常用的几种观察记录方式并会合理运用。

3. 初步学会用文字、图表等对所观察到的内容进行记录、整理与分析。

4. 可以运用文字、图画和讨论表达自己的看法和与同学交流。

☆情感目标

1. 认识到严格按规范进行实验和测量的必要性,培养严谨的科学态度。

2. 形成细致、客观地观察的态度。

准备工作

☆知识准备　1.首先我们对植物的基本情况要有一个了解,所以在每次活动开始之前请查阅相关的资料,将有关内容摘录下来。

2.建立一个资源中心。在我们的活动开展的过程中我们要准备一些植物的根、茎、叶、花、果实还有种子。

☆物质准备　准备好活动记录单、笔记本和一些简单的实验工具。

温馨提示

在做活动准备时可以找你的家长还有学校的老师寻求他们的帮助。如果可以的话还可以准备相机之类的工具,这样将会更便于我们的记录。适当的时候请准备好一些活动资金。

活动过程

☆活动一:观察植物的种子

1.绝大多数植物的一生是从种子开始的。你仔细观察过这些小小的种子吗?把观察结果用记录单记录下来吧。

观察蚕豆种子记录单

时间:╳月╳日　　　　　　　　地点:╳年(╳)班教室

记录员:╳╳╳

记录内容:

蚕豆种子结构图

我们记录的内容要包括种子的形状、颜色、大小等等,对于这些内容我们可以用画图的方法来记录。

观察记录图画法

这种方法是指在观察时,以图画的形式来记录观察结果。一般来说,这种方法主要运用在对动物、植物、人体自身等的观察学习内容中。比如蜗牛、蚂蚁、蚯蚓、金鱼、蚕的一生等的观察记录,对大树、叶形、叶脉、叶缘、根系、花、果实、种子、茎等的观察记录,对人身体外形、手、指纹等的观察记录等等都可以用这种方法。

2. 种子,一粒小小的种子,会有什么力量? 是啊! 平时被我们轻视的小小的种子,平常被人冷落在一旁的种子,有什么力量? 可就是这样不被人们关注的种子,它们可是十足的大力士。你对种子的力量有多少了解? 请查找相关的资料,然后与其他同学一起交流吧。

小小资料

人的头盖骨之间有着很严密的隙缝,一般的工具是很难将它们分开的。可是把一些植物的种子放在要剖析的头盖骨里,给予适宜的温度和湿度,使种子发芽。一发芽,这些种子便以可怕的力量,将骨骼完整地分开了,而且丝毫不会破坏头盖骨。

种子的力量是巨大的、震撼人心的,甚至超出人们的想象。它的力量却又是不为人们所察觉。同时又是不计回报的,是那样的慷慨无私。它的顽强博大、它的随遇而安让我们这个地球充满了蓬勃生机,万物的生命密码就隐藏在它小小的躯体里!

你能想到另外的方法来证明"种子大力士"吗?

_____

_____

_____

_____

☆活动二:试验探究——植物的茎

正如我们所知道的那样,植物的生长是离不开水的。土壤里的水是如何到达树顶的?植物的茎又有什么独特之处,可以让水一直向上呢?让我们通过一个简单的实验来揭开植物茎的秘密,了解事实的真相。

你需要以下的东西:2根12厘米长的芹菜梗,2个玻璃杯,小刀。

实验步骤一

1. 在两个杯中装入1/4杯的水,并在水中滴入几滴蓝色墨水,将一根芹菜梗较粗的一端插入其中一杯水中。

2. 仔细观察芹菜梗顶端，发现了顶端的细小的孔吗？仔细地将另一根芹
   菜梗顶端的小孔去除，同样将较粗的一端插入另一个水杯中。一段时
   间后，仔细观察芹菜梗，你看到了什么现象？你有什么发现？

把你看到的现象和
发现都写下来吧。

实验步骤二

　　将被染上颜色的芹菜梗的顶部的一块外皮向下拉一点，捏一捏被染
成蓝色的菜梗，将这块外皮向下拉并将它从菜梗上剥去。

你能将这块皮整个地从菜梗上剥下来吗？这块外皮看起来怎么样？为什么会出现这种情况？

☆活动三：做一个指示剂专家

长期以来，植物当中的一些特殊成分被广泛地运用在不同的领域，植物色素就是其中之一。通过这个活动，我们将会观察到植物色素变化的特性。植物色素的特性决定了我们观察到的植物颜色，可是一旦往植物色素的溶液里加入一些东西，色素的特性就会发生变化。我们不妨用植物色素来做成指示剂吧！

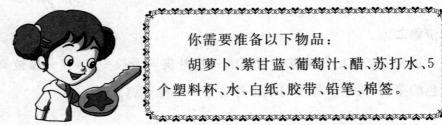

你需要准备以下物品：

胡萝卜、紫甘蓝、葡萄汁、醋、苏打水、5个塑料杯、水、白纸、胶带、铅笔、棉签。

实验步骤一

1. 将胡萝卜的外皮剥下,将它们放在一个杯子里,往杯子里加入 1/2 的温水,搅拌大约五分钟,等到胡萝卜皮将水染成粉色,就做成了胡萝卜指示剂。

2. 将指示剂分成三等份并分别倒入 3 个杯子中,在一个杯子上标记"参照物"字样。不要在这个杯子里加入任何物品。

3. 在剩下的两个杯子里分别加入几滴醋和苏打水。

   实验的结果是怎样的呢?

你发现了什么?

实验步骤二

1. 将两片紫甘蓝叶撕碎,将叶子放进可封口的塑料袋中。在袋子里加入一些温水,封紧袋口,用手指挤压、揉搓袋子,使袋子里水的颜色变成深蓝色。这就是你的紫甘蓝指示剂。

2. 将两勺浓缩葡萄汁倒入一个杯子中,在杯中加入 1/2 杯的温水。这就是你的葡萄汁指示剂。

3. 重复"实验步骤一"的第 2、3 点。

这次我又发现了 ＿＿＿＿＿＿＿＿＿＿＿＿＿＿＿＿＿＿＿＿＿
＿＿＿＿＿＿＿＿＿＿＿＿＿＿＿＿＿＿＿＿＿＿＿＿＿＿
＿＿＿＿＿＿＿＿＿＿＿＿＿＿＿＿＿＿＿＿＿＿＿＿＿＿
＿＿＿＿＿＿＿＿＿＿＿＿＿＿＿＿＿＿＿＿＿＿＿＿＿＿
＿＿＿＿＿＿＿＿＿＿＿＿＿＿＿＿＿＿＿＿＿＿＿＿＿＿
＿＿＿＿＿＿＿＿＿＿＿＿＿＿＿＿＿＿＿＿＿＿＿＿＿＿
＿＿＿＿＿＿＿＿＿＿

在前面的活动中我们过了一把"神奇魔术师"的瘾。是不是很有意思,将活动的过程用观察日记的方式写下来吧。

我是指示剂专家

×年(×)班　　　×××

××××年×月×日　　　　星期×　晴

今天在"植物世界探秘"活动中我当上一名小小指示剂家……

☆活动四:交流与展示

我们的探索旅程走到这里就要告一个段落了,通过科学探究我们发现了一些植物鲜为人知的一面。将我们的收获用多种方式展示出来,让更多的人了解我们的付出。

我们来开一个展示会,将我们的观察记录卡、实验记录单或者实验过程中拍摄的照片装订成册展示出来。

或许我们还可以举办一个小小报告会,整个小组的同学将这一段时间以来的感受和其他小组的同学一起分享,让其他的同学和你们一起感受这些活动带给你的快乐,不要忘记在交流时说说你们都用了哪些好方法。

"植物世界探秘"活动发现表

学生姓名	我的发现	我的新收获

总结与反思

姓名		班级	
小组名称			
小组成员			

评价标准		自我评价	小组评价	老师评价
参与合作态度	在活动过程中我做到了积极与他人团结协作			
发现探索问题	当遇到问题时我能主动思考,能发现并解决活动中的问题			
收集处理信息	经常收集有关资料,及时整理、归类、存放			
完成作业态度	在整个活动过程中能按时完成各类作业,且质量较高			

收获与体会

我遇到的难题有：_____

_____

_____

_____

_____

我是这样解决的：_____

_____

_____

_____

_____

我知道观察记录方法有：_____

_____

_____

_____

我的其他收获有：_____

_____

第八单元　我与环保

单元概述

人类乱砍滥伐树木，导致了沙尘漫天飞舞；乱扔"白色垃圾"，致使清澈的水流遭到了严重污染……我们人类的破坏行为，已经使地球妈妈伤痕累累了。同学们，你会眼睁睁地看着我们美丽的家园被毁灭吗？回答是否定的，那么让我们赶快行动起来，为环保事业添砖加瓦，让我们的家园变得更美丽吧！

环保从我做起

活动前奏

我们周围的环境越来越差了，天空中飞扬着沙尘，河面漂浮着垃圾，……为什么会这样呢？因为我们的周围有着许许多多破坏生态环境的行为，如乱砍滥伐，乱扔垃圾，乱排污水，……面对这些，作为新时代的"环保小卫士"，我们应该怎么做呢？

活动目标

☆能力目标

1.结合实际生活,对身边的破坏环境的行为进行调查研究。

2.能与组员很好地协作进行调查,并对各项活动做好相关记录。能

　对保护环境提出自己的建议。

3.完成探究活动评价表,反思问题与不足。

4.能积极向周围人宣传保护环境的意义。

☆情感目标

1.增强环保意识,重视对周围环境的保护。

2.养成从小事做起保护环境的习惯。

准备工作

☆**知识准备**　通过观看影片,了解现在地球上大多数的环
　　　　　　　境问题是由人类各种破坏行为造成的;了解
　　　　　　　人与自然的关系,为科学的环保方法找到
　　　　　　　理论依据。

☆**物质准备**　照相机、电脑、电视、环保袋、宣传单、笔记本。

环保·小·贴士

日常生活中我们要做到：

★少使用或者不使用一次性塑料包装袋。

★少使用或者不使用一次性筷子。

★少用纸巾，多用手帕。

★不乱扔果皮。

★节约用水。

★不踩踏草皮，不乱摘花朵。

★慎用清洁剂，尽量用肥皂。

活动过程

☆活动一：我是小小放映员

观看纪录片《可怕的沙尘暴》，或者请老师和同学们推荐有关环保的影片。

这样的环境是怎样造成的呢？

你发现了什么？

我还知道地球妈妈正在遭受这样的折
磨：

_____

_____

小 / 学 / 生 / 课 / 外 / 活 / 动 / 指 / 南　103

☆活动二:装满小小资料库

保护水资源,做环保小公民

　　水是一切生命之源,人体重量的60%是水,血液中的90%是水,我们每人每天需要两千克的水才能维持生命。水又是生产中的首要资源:生产一吨稻谷需要水1400立方米,炼一吨钢需要水200立方米,造一吨纸需要水500立方米。可以说,如果没有水,人类将无法生存,社会的发展和进步更是无从谈起。

　　同学们,烈日炎炎的夏天,当你拧开水龙头,舒舒服服地冲着凉水澡时,你知道吗? 你洗澡所用的水是缺水地区几十人的日用水量;当你冲洗马桶时,你一次用水量相当于发展中国家人均日用水量;当粗心的你没有拧紧水龙头,它一个晚上流失的水,相当于非洲或亚洲缺水地区一个村庄的居民日饮用水量……这些事例绝不是耸人听闻,而是联合国有关机构多年调查得来的结论。

　　大家都知道,我国是一个贫水国家,人均淡水资源量只有2240立方米,不到世界人均水平的四分之一,居世界第109位,被列为世界13个严重缺水的国家之一。由于缺水,我国农村粮食产量减少,西北沙漠化严重,沙尘暴频繁发生。节约用水对于我们每一个中国人来说,已是当务之急。

☆活动三:整理与讨论

整理　收集了这么多资料,其中有相同的也有不同的,先分类整理好吧!

讨论　原来我们的生存环境正在遭受如此严重的破坏,我一定要做一个"环保小卫士"。快来说说你打算怎样做吧!

综合讨论, 每个人都有自己的想法:

你有怎样的想法?

_____

_____

_____

做宣传单

1. 可以在老师的帮助下, 设计成吸引人的宣传单, 由班级出复印费。

2. 去社区和公园等车辆较少、人又比较集中的地方发放宣传单, 一定要注意安全哟!

☆活动四：汇报与展示

分小组汇报吧！

第一组：

我们在文化广场、南湖公园捡白色垃圾，不仅受到环卫工人的夸奖，还带动一批游客和我们一起……

第二组：

我们将路边的白色污染拍成照片，贴在板报上展示，受到全校师生的好评……

第三组：

我们去发放宣传单，并且将垃圾箱内的垃圾分类处理，让人们明白了垃圾分类的重要性……

第四组：

我们组开展了"还我一个蔚蓝的天空"
主题演讲比赛……

第五组：

我们组……

请亲爱的老师给我们一些评价和建议吧！

_____

_____

_____

_____

_____

_____

_____

做了这么多，请你把自己的成果写在展示栏吧！你喜欢做"环保小卫士"吗？在生活中你还会不会继续做下去呢？如果你能坚持"保护环境，从我做起"，那你的展示栏将会越来越丰富，我们来比一比吧！

展示栏

总结与反思

亲爱的同学们,本次活动已顺利结束了,快来对自己在活动中的表现作一个客观评价吧!

学校:_____ 班级:_____ 小组:_____

姓名:_____ 填表日期:_____

评价内容	选项	自我评价
能否积极参与	能	
	不能	
	还可以	
能否快速、有效地收集资料	能	
	不能	
	还可以	
能否迅速整合资料	能	
	不能	
	还可以	
能否认真实施制订计划,诚实汇报	能	
	不能	
	还可以	

记得要客观哟!

收获与体会

　　通过这次活动,有的同学懂得了爱护环境的重要性,有的同学寻找到了保护环境的好办法,你自己又有怎样的收获和体会呢? 赶快记录下来吧!

　　我在活动中遇到了这样的难题:

　　我是这样解决的:

　　我的收获:

第九单元　我是制作小能手

单元概述

同学们，你一定上过美工课吧。在美工课上，大家充分发挥想象，用灵巧的双手把彩纸和卡片做成了许多好玩又好看的手工艺品。但是你知道吗，一些生活废品也可以利用起来，做成精美又实用的工艺品。只要你肯动脑筋，铁丝圈、塑料袋、纸盒、一次性纸杯……这些旧物都可以被改造成方便灵巧的生活用品。同学们赶快收集好材料和工具，在此次创新设计中展现你的聪明才智吧！

饮料瓶大变身

活动前奏

在我们的生活中，空饮料瓶随处可见，它们有的被随手扔在了马路边，有的孤独地躺在漆黑的垃圾桶里，更多的是被堆在角落里等着送进废品收购站。但是如果我们肯花些心思稍加改造，有些饮料瓶的命运是可以被改变的。它们可以被改造成小巧的花盆、方便的储物罐、漂亮的水晶笔筒……同学们是不是觉得很神奇呢？下面就让我们当回小小魔术师，帮饮料瓶来个华丽大变身吧！

活动目标

☆能力目标

1. 会使用常用工具对材料进行剪切、粘贴等技术。

2. 培养认真、细心的劳动习惯。自觉遵守安全操作规范。

☆情感目标

通过简单的手工制作及评价过程,体验劳动创造的愉悦,培养环保意识。

准备工作

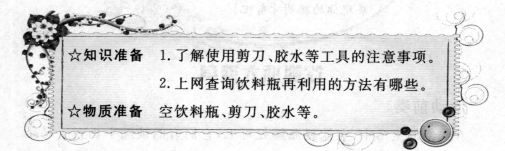

☆知识准备	1. 了解使用剪刀、胶水等工具的注意事项。
	2. 上网查询饮料瓶再利用的方法有哪些。
☆物质准备	空饮料瓶、剪刀、胶水等。

活动过程

☆活动一:分组,落实任务

1. 收集能用饮料瓶制作的工艺品,并将制作方法记录下来。

2. 每个人根据自身情况,认真填写下面的活动调查表。依据调查结果,分成小组,每组由小组长带领准备材料。

活动方向调查表

班级：　　　　　　姓名：

设计方向	我的方法
收纳类	
工具类	
文具类	

☆**活动二：开展调查研究**

我要查阅书籍摘录一些制作方法。

我要上网搜索一些好的创意。

☆**活动三：综合成果展示**

第一组：收纳类

1. 将大小材质一样的饮料瓶剪去顶部（呈直筒状），再用双面胶将它们连起来，可以存放粉丝、挂面、腐竹等食品，既能使之不折，又能方便取用。

用它们存放筷子、勺子等餐具也不错。

2. 将大可乐瓶的顶端剪去，剩余直筒部分再竖着剪开（剪至离瓶底 5cm 处即可），然后将带把儿的杯子收纳在里边，杯子倒放，让杯把儿从开口处露出来。这样既节省空间，又方便取用，还不易摔坏。

注意开口处一定用胶带包住，以免划伤手。

还可以贴上些彩色的画装饰。

3.改制成精美的收纳瓶：将材质较硬的塑料瓶的头部去掉，用泡沫板做成盖儿。先剪一块与瓶口形状相同但面积略小一点儿的泡沫板，再照此方法剪一块大一圈的泡沫板，将两者粘在一起，就做成了一个好看的瓶盖。这个收纳瓶可以装豆类、糖、饼干等。不做瓶盖，也可以剪一段软胶管（长度等于瓶口的周长），再纵向将之剖开，嵌到瓶口，做一个别致的瓶口边。

第二组：工具类

1.自制纸杯杯托：有些纸杯很软，不好拿，还会烫手。你可以不花钱买杯托，自己制作几个。将小号饮料瓶从瓶底往上 10cm 处剪下来，只用剪开后的瓶底部分（上部分可以做漏斗或剪出斜面舀米和面），为防止划伤手，最好用细砂纸打磨一下剪口或用胶带包一下边儿，再在外边贴上好看的装饰画，既漂亮又可以做专用的识别标志。

这样一个稳定、不外洒、不烫手的杯托就做成了。

2.自制调色盘：空饮料瓶，瓶底有多个凹槽，将距瓶底 2～3cm 处剪下来，就成了一个五瓣梅花盘。用细砂纸打磨一下剪口或用打火机将毛边烧一圈，也可用胶带包一下边儿，这样，一个方便、省钱、易清洗并且可以摞起来的调色盘就做成了。涮笔盘也可用空塑料瓶剪一下，与调色盘配成套。

第三组：文具类

自制笔筒：我们先用尺量出矿泉水瓶的高度，大概有 10cm 就够了；然后用彩笔画出一个标记，用剪刀沿着这条线剪掉瓶子上部多余的部分，接下来，我们将一张图画纸也剪成 10cm 长，用它将笔筒包起来，对齐，粘好。

最后，用彩笔在图画纸上画出自己喜欢的图案，一个美观而又实用的环保笔筒就做好了，大家都来试试吧！

总结与反思

亲爱的同学们,本次活动已经顺利结束了,快来对自己在活动中的表现作一个客观的评价吧。

学校名称:_____ 小组名称:_____

学生姓名:_____ 填表日期:_____

评价内容	选 项	自我评价
你能通过独立思考制订出自己的设计方案吗?	能	
	不能	
你能成功克服在方案实施中遇到的困难吗?	能	
	不能	
你对自己的作品感到满意吗?	非常满意	
	不太满意	
	还可以	

下面再看看同组的小伙伴们给你的评价吧。

小伙伴的评价:

收获与体会

通过这次活动,有的同学学会了废物利用的巧妙方法,有的同学体会到了手工制作的无穷乐趣,你又有怎样的收获和体会呢? 赶快记录下来吧!

我在活动中遇到了这样的难题:

我是这样解决的:

我的收获:

第十单元 安全地生活

单元概述

在我们的生活中，在我们的周围，都有可能存在安全隐患。我们在开展活动时，也难免会有危险发生。怎样防止事故发生、正确处理危险发生后的紧急情况，以避免自己受到伤害和给别人带来伤害呢？让我们一起来探究一下吧！

灾难中自救

活动前奏

我们在一天天长大,自己活动的机会也一天天增多。我们玩得开心的时候,可别忘了,危险就像一位不需要邀请的客人,常常会在我们不留心的时候来敲门。那我们应该怎么办呢?

灾难不期而至,总是让我们措手不及。

我们应懂得基本的逃生知识。

平时还应该做一些逃生演练。

活动目标

☆能力目标

1. 了解灾难中自救的要点和误区。

2. 掌握正确的自救方法,避免由于失误导致伤害。

3. 掌握互救的要点和方法。

☆情感目标

1. 树立安全意识、互救意识。

2. 培养团结合作的精神。

准备工作

☆**知识准备** 阅读关于地震、水灾、火灾的救护知识；阅读护理小常识；搜索地震、水灾、火灾的典型案例；查阅防火小常识。

☆**物质准备** 电脑、笔记本。

活动过程

☆活动一：分门别类——小小专家忙

常见灾害的类别：

自然灾害	地震、水灾、山体滑坡……
非自然灾害	高楼失火、电梯故障、交通意外事故……

☆活动二:装满小小资料库

地震:

1. 发生地震时,首先要冷静。蹲下或坐在桌子下,尽量抓住桌腿等牢固的部分,蜷曲身体,降低身体重心,把衣服、被褥等柔软物顶在头上,还可以用湿毛巾捂住口、鼻,以防吸入毒气、灰土。

2. 发生地震时,如在室外或野外,注意避开各种建筑物、悬崖、高压电线、危险场所(如化学危险品场所)等。

3. 发生地震时,如在车内,立即蹲下或坐好,扶住扶手等牢固物,待地震过后再下车。

4. 如被埋在废墟中,尽量把双手从埋压物中抽出来,并挪开脸前、胸前的杂物,消除口、鼻附近的灰土,露出头部,以保持呼吸顺畅。

5. 设法避开不结实的倒塌物、悬挂物或危险物。

6. 尽可能地小心搬开身边可搬动的碎砖瓦等杂物,扩大活动空间,但不要勉强,以免引起倒塌。

7. 设法用砖头、木棍等支撑残垣断壁,以防再次被埋压。

8. 不要随意动用室内设施,不要使用电源以及明火等。

9. 闻到异味气体,或灰尘太大时,设法用湿衣物捂住口、鼻。

10. 不要盲目乱喊乱叫,合理保持体力。可以用敲击等方式发声求救。

高楼失火：

1. 及时扑救。可利用各楼层的消防器材扑灭初起火灾。

2. 向下不向上。因火势向上蔓延,应用湿棉被等物作掩护快速向楼下有序撤离。

3. 关紧房门。离开房间以后,一定要随手关门,使火焰、浓烟控制在一定的空间内。

4. 注意防烟。用湿毛巾等物掩住口鼻,保持低姿势前进,呼吸动作要小而浅。

5. 理性逃生。利用建筑物阳台、避难层、室内设置的缓降器、救生袋、应急逃生绳等进行逃生,也可将被单、桌布结成牢固的绳索,牢系在窗栏上,顺绳滑至安全楼层。

6. 等待救援。当通道被火封住,欲逃无路时,可靠近窗户或阳台呼救,同时关紧迎火门窗,用湿毛巾、湿布堵塞门缝,用水淋透房门,防止烟火侵入。

7. 靠墙躲避。因为消防人员进入室内救援时，大都是沿墙壁摸索行进的。

老师的话

同学们，学了这么多逃生的知识，相信你们一定有信心面对突发事件了。但是在生活中我们遇到的自然灾害毕竟是少数，反而是非自然灾害时时隐藏在我们的身边。除了要细心地避免灾害发生，也要正确掌握非自然灾害的逃生技巧！

请你思考

在我们身边，还有哪些类似的危害公共安全的行为？这些行为会引起什么样的后果？我们可以做些什么呢？

☆活动三：汇报与展示

第一组：

电梯故障

电梯速度不正常,应两腿微微弯曲,上身向前倾斜,以应对可能受到的冲击。

被困电梯内,应保持镇静,立即用电梯内的警铃、对讲机或电话与管理人员联系,等待外部救援。如果报警无效,可以大声呼叫或间歇性地拍打电梯门。

电梯停运时,不要轻易扒门爬出,以防电梯突然开动。

第二组：

燃气事故

发现燃气泄漏时,应立即切断气源,迅速打开门窗通风换气。但动作应轻缓,避免金属猛烈摩擦产生火花,引起爆炸。

燃气泄漏时,千万不要开启或关闭任何电器设备,不要打开抽油烟机或排风扇排风,不要在充满燃气的房间内拨打电话,以免产生火花,引发爆炸。

燃气泄漏时,不要在室内停留,以防窒息、中毒。

液化气罐着火时,应迅速用浸湿的毛巾、被褥、衣物扑压,并立即关闭液化气罐阀门。

第三组：

森林火灾

　　发现森林火灾应及时报警，准确报告起火方位、火场面积以及燃烧的植被种类。

　　发现自己处在森林火场中，要保持头脑清醒，并迅速向安全地带转移。选择火已经烧过或杂草稀疏、地势平坦的地段转移；穿越火线时要用衣服蒙住头部，快速逆风冲越火线，切忌顺风在火线前方逃跑。

第四组：

　　公共汽车运营时失火……

总结与反思

亲爱的同学们,本次活动已经顺利结束了,快来对自己在活动中的表现作一个客观的评价吧。

学校名称:＿＿＿＿　　小组名称:＿＿＿＿

学生姓名:＿＿＿＿　　填表日期:＿＿＿＿

评价内容	选项	自我评价
你能通过独立思考制订出自己的设计方案吗?	能	
	不能	
你能成功克服在方案实施中遇到的困难吗?	能	
	不能	
你对自己的作品感到满意吗?	非常满意	
	不太满意	
	还可以	

下面再看看同组的小伙伴们给你的评价吧。

＊＊＊＊＊＊＊＊＊＊＊＊＊＊＊＊＊＊＊＊＊＊＊＊＊＊＊＊＊＊＊＊
＊小伙伴的评价:　　　　　　　　　　　　　　　　　　　　　　＊
＊　　　　　　　　　　　　　　　　　　　　　　　　　　　　　＊
＊　　　　　　　　　　　　　　　　　　　　　　　　　　　　　＊
＊　　　　　　　　　　　　　　　　　　　　　　　　　　　　　＊
＊　　　　　　　　　　　　　　　　　　　　　　　　　　　　　＊
＊　　　　　　　　　　　　　　　　　　　　　　　　　　　　　＊
＊　　　　　　　　　　　　　　　　　　　　　　　　　　　　　＊
＊　　　　　　　　　　　　　　　　　　　　　　　　　　　　　＊
＊　　　　　　　　　　　　　　　　　　　　　　　　　　　　　＊
＊＊＊＊＊＊＊＊＊＊＊＊＊＊＊＊＊＊＊＊＊＊＊＊＊＊＊＊＊＊＊＊

收获与体会

通过这次活动,你有怎样的收获和体会呢? 赶快记录下来吧!

我在活动中遇到了这样的难题:

我是这样解决的:

我的收获:

小学生交通安全知识

活动前奏

同学们,相信你每天过马路时都是在家人的陪伴下,如果你自己过马路时,会不会害怕呢? 你知道该怎样过马路吗? 其实,正确的交通安全知识,是我们每一个小学生的必修课,让我们一起来学一学吧!

活动目标

☆能力目标

1.掌握交通安全知识并能在实际生活中运用。

2.能向周围的同学或朋友宣传遵守交通规则的重要性。

☆情感目标

1.通过自主学习交通安全知识,引起对交通安全的重视。

2.培养社会责任感和交通责任感。

准备工作

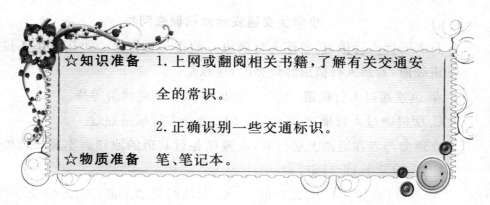

☆知识准备　1.上网或翻阅相关书籍,了解有关交通安全的常识。

2.正确识别一些交通标识。

☆物质准备　笔、笔记本。

活动过程

☆活动一:讨论并制作调查问卷

我们不能在路边玩游戏。

不要在马路上嬉笑打闹。

过马路要看红绿灯。

我们可以请警察叔叔来给我们讲解更多的知识。

讨论完之后,我们可以制作一份交通安全知识调查问卷,在同学中开展调查。

小学生交通安全知识调查问卷

1. 行人通行人行横道,要按人行横道灯的指示通行。小明在通过人过横道线前,看到人行横道红灯亮时,应该是( )

    A. 迅速通过人行横道　　　　B. 在人行横道线前等待

    C. 缓慢通过人行横道　　　　D. 绕开人行横道通过

2. 交通参与者在道路上通行时,应遵循各行其道的原则。小璐步行外出应当在( )上行走。

    A. 城市快速路　　B. 人行道　　C. 封闭的机动车道　　D. 非机动车道

3. 行人在横过道路时,应注意观察道路上通行的车辆。你认为在横过道路时,错误的行为是( )。

  A. 既不左看,也不右看　　　　　B. 左看,右看,再左看

  C. 左右观察,确定安全　　　　　D. 一站,二看,三通过

4. 行人在路口应当按照信号灯的指示通行,当遇到交通警察指挥手势与信号灯指示不一致时,要按照( )通行。

  A. 标志、标线　　　　　　　　B. 交通警察的指挥

  C. 信号灯的指示　　　　　　　D. 道路交通情况

5. 小兵每天上班都要经过一个铁路道口,他在通过道口时应该( )。

  A. 快速跨越铁轨　　　　　　　B. 进入道口观察后通过

  C. 一停,二看,三通过　　　　　D. 在栏杆放下时抢先通过

6. 你在有信号灯控制的人行横道前,准备横过道路时,要等( )的时候通过最安全。

  A. 黄灯闪烁　　　B. 红灯亮　　　C. 红灯闪烁　　　　D. 绿灯亮

7. 我国的道路通行原则是( )。

  A. 右侧通行原则　　　　　B. 左侧通行原则　　　　　C. 中间通行原则

8. 小红在等候乘坐公共汽车时,应该站在( )依次排队。

  A. 机动车道上　　　　　　　　B. 站台或指定位置

  C. 非机动车道上　　　　　　　D. 人行道上

☆活动二:询问警察叔叔

行走时,哪些情况最危险呢?

  (1)横穿马路很容易出危险。

  (2)三五成群横着走在非人行道上,这样最容易发生交通事故。

  (3)上、下班高峰过后,马路上车辆稀少,因此思想麻痹。麻痹加麻痹就等于危险。

（4）行走时一心二用，边走边看书，或边走边想问题，或边走边聊天，边走边玩……这样做，可能车子不来撞你，你倒自己去撞车子，因此也十分危险。

 乘坐机动车应该注意哪些问题？

（1）要排队候车，按先后顺序上车，不拥挤。上下车均应等车停稳以后，先下后上，不要争抢。

（2）不把头、手伸出窗外，不要向车窗外乱扔杂物。

（3）要坐稳扶好，没有座位时，要双脚自然分开，侧向站立，手应握紧扶手，以免车辆紧急刹车时摔倒受伤。

（4）乘小轿车，在前排乘坐时应系好安全带。

 怎样认识交通信号灯？

交通信号灯分为两种，一种是用于指挥车辆的红、黄、绿三色信号灯，设置在交通路口显眼的地方，叫作车辆交通指挥灯；另一种用于指挥行人横过马路的红、绿两色信号灯，设置在人行横道的两端，叫作人行横道灯。我国交通法规也对交通指挥信号灯做出了规定：

（1）绿灯亮时，准许车辆、行人通行，但转弯的车辆不准妨碍直行的车辆和被放行的行人通行。

（2）黄灯亮时，不准车辆、行人通行，但已越过停止线的车辆和已进入人行横道的行人，可以继续通行。

（3）红灯亮时，不准车辆、行人通行。

（4）绿色箭头灯亮时，准许车辆按箭头所示方向通行。

（5）黄灯闪烁时，车辆、行人在确保安全的原则下可以通行。

骑自行车要注意哪些安全事项?

骑自行车外出比起走路,不安全的因素增加了,需要注意的安全事项如下:

(1)要经常检修自行车,保持车况完好。车闸、车铃是否灵敏、正常,尤其重要。

(2)自行车的车型大小要合适,不骑儿童玩具车上街。也不要人小骑大型车。

(3)不要在马路上学骑自行车;未满12岁的儿童,不要骑自行车上街。

(4)骑自行车要在非机动车道上靠右边行驶,不逆行;转弯时不抢行猛拐,要提前减慢速度,看清四周情况后再转弯。

(5)经过交叉路口,要减速慢行,注意来往的行人、车辆;不闯红灯,遇到红灯要停车等候,待绿灯亮了再继续前行。

(6)骑车时不要双手撒把,不多人并骑,不互相攀扶,不互相追逐、打闹。

(7)骑车时不攀扶机动车辆,不载过重的东西,不骑车带人,不在骑车时戴耳机听音乐。

你还想问哪些问题?写下来。

_____

_____

_____

尽量多问些吧!

☆**活动三：询问老师**

（1）我们要认真学习交通安全的法律法规，遵守交通规则，加强安全意识，树立交通安全文明公德。

（2）当我们徒步行走于人来车往的马路时，请时刻保持清醒的头脑，不在马路上嬉戏打闹。

（3）当我们过马路时，多一份谦让与耐心，不闯红灯，走人行横道，绝不能为贪一时之快，横穿马路。

（4）骑自行车的学生，应自觉遵守交通规则，服从交警指挥，不骑英雄车、斗气车，从小树立遵守交通规则的良好习惯。

（5）不能在路边玩游戏，因为路上车子来来往往的，有可能会被撞伤。

☆**活动四：我们的学习心得**

老师进行知识测试，将同学的掌握情况填在统计表中。（可以抽出一个小组做测试）

小学生交通安全知识测试成绩统计表

统计人数：　　　　　　　　统计时间：

姓名	80～100 分	60～80 分	60 分以下

和老师一起画统计图：

这是我们收集的小诗歌：

交通安全拍手歌

你拍一，我拍一，交通安全是第一；

你拍二，我拍二，红绿黄灯要看清；

你拍三，我拍三，不穿红灯保安全；

你拍四，我拍四，车辆行驶往右开；

你拍五，我拍五，大小拐弯要注意；

你拍六，我拍六，自行车上别载人；

你拍七，我拍七，不要边走边玩耍；

你拍八，我拍八，生命才是第一位；

你拍九，我拍九，遵纪守法最重要；

你拍十，我拍十，做个文明小公民。

总结与反思

亲爱的同学们，本次活动已经顺利结束了，快来对自己在活动中的表现作一个客观的评价吧。

班级：_____ 姓名：_____ 小组：_____

学号：_____ 填表日期：_____

评价内容	选　项	自我评价
你能通过独立思考制订出自己的设计方案吗？	能	
	不能	
你能成功克服在方案实施中遇到的困难吗？	能	
	不能	
你对自己的作品感到满意吗？	非常满意	
	不太满意	
	还可以	

下面再看看同组的小伙伴们给你的评价吧。

＊＊＊＊＊＊＊＊＊＊＊＊＊＊＊＊＊＊＊＊＊＊＊＊＊＊＊＊＊＊＊
＊ 小伙伴的评价：　　　　　　　　　　　　　　　　　　　 ＊
＊　　　　　　　　　　　　　　　　　　　　　　　　　　 ＊
＊　　　　　　　　　　　　　　　　　　　　　　　　　　 ＊
＊　　　　　　　　　　　　　　　　　　　　　　　　　　 ＊
＊　　　　　　　　　　　　　　　　　　　　　　　　　　 ＊
＊　　　　　　　　　　　　　　　　　　　　　　　　　　 ＊
＊　　　　　　　　　　　　　　　　　　　　　　　　　　 ＊
＊　　　　　　　　　　　　　　　　　　　　　　　　　　 ＊
＊　　　　　　　　　　　　　　　　　　　　　　　　　　 ＊
＊　　　　　　　　　　　　　　　　　　　　　　　　　　 ＊
＊　　　　　　　　　　　　　　　　　　　　　　　　　　 ＊
＊＊＊＊＊＊＊＊＊＊＊＊＊＊＊＊＊＊＊＊＊＊＊＊＊＊＊＊＊＊＊

收获与体会

通过这次活动,你又有怎样的收获和体会呢? 赶快记录下来吧!

我在活动中遇到了这样的难题:

我是这样解决的:

我的收获:

第十一单元　我与广告

单元概述

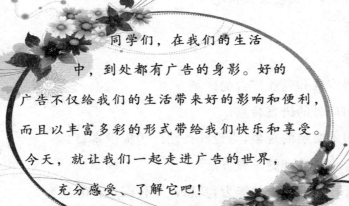

同学们，在我们的生活中，到处都有广告的身影。好的广告不仅给我们的生活带来好的影响和便利，而且以丰富多彩的形式带给我们快乐和享受。今天，就让我们一起走进广告的世界，充分感受、了解它吧！

校园广告我做主

活动前奏

广告随处可见,与我们的生活息息相关。校园中也有广告,但一般指的是温馨提示,鼓励上进等标语性、指示性的公益广告。

这些校园广告给我们的学习生活带来了便利,也对我们的行为提出了要求。同学们每天徜徉校园之中,是否认真地阅读过校园广告,可曾想过自己来设计它,今天就来试试吧!

活动目标

☆能力目标

1.了解校园广告和商业广告的区别。

2.掌握校园广告的语言特点。

3.发现校园不文明的现象,为设计校园广告提供素材。

4.掌握资料收集整理的一般方法。

5.具备设计校园提示语的能力,具备设计校园广告的能力。

☆情感目标

1.通过活动提高对美的广告的欣赏水平和能力。

2.领悟校园广告的内涵,遵守学校的纪律。

准备工作

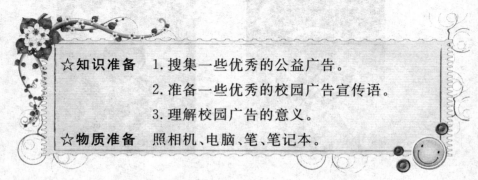

☆知识准备　1.搜集一些优秀的公益广告。

　　　　　　2.准备一些优秀的校园广告宣传语。

　　　　　　3.理解校园广告的意义。

☆物质准备　照相机、电脑、笔、笔记本。

活动过程

☆**活动一:划分小组,制订小组活动计划**

组长		组员	
活动目的:			
活动分工:			
预期成果:			

小组的活动计划是:

☆**活动二:搜集校园广告语并分析**

1.努力搜集校园广告语,并完成下面的表格。

小小资料库

☆求知而来,载知而去。 （阅览室）

☆懒惰者不会在此留下矫健的身影。 （运动场）

☆举手投足间,别忘了我饥饿的大嘴。 （果皮箱）

☆人间知音难觅,校园草坪难培。 （爱护草坪）

☆武术家松动了我的骨头,艺术家拧紧了我的眉头。 （课桌）

☆滴滴情深自来水,请你拭去我的泪。 （节约用水）

我还知道许多校园广告语,让我写给你们看⋯⋯

校园广告语	在告诉人们什么	是否喜欢
说好普通话,走遍神州都不怕	不要说方言,提倡说普通话	喜欢

2.分析这些广告的特点和共性。

　　它们的特点是:_ _ _

_ _ _ _ _ _

_ _ _ _ _ _

_ _ _ _ _ _

　　它们的共性是:_ _ _

_ _ _ _ _ _

_ _ _ _ _ _

　3.讨论:这些广告与我们平时在电视上看到的商业广告有什么不同?

☆**活动三：实地考察，设计广告**

1.我觉得校园的以下几个地方需要广告提示：

_____

_____

_____

2.小组进行讨论：上述地方应该加上什么样的广告语？

☆小组讨论过程中出现的问题：

— — — — — — — — — — — —

— — — — — — — — — — — —

— — — — — — — — — — — —

— — — — — — — — — — — —

☆需要加广告的地方，相对应地应该加上这样的广告语：

☆**活动四:制作和设计校园广告**

1.经过小组研究,确定广告语。

我们经过研究,决定设计的广告语是:

设计这条广告的原因是:

2.详细说明广告语设计的方案。

类别	原因	优缺点
广告语所显示的位置		
广告语所选择的字体		
广告语字体颜色		
广告语底板颜色		
制作广告语所选用的材料		

该广告设计所要达到的预期效果是：

3. 将本小组所设计的校园广告，进行拍照后展示在下面。

4. 对所设计的校园广告，广泛征求大家的意见。

大家对这个广告不满意的地方有：

大家普遍认可和赞同的地方是：

☆**活动五：做一份调查问卷，更加深刻地了解对校园广告的需求**

  所做的问卷调查要包含同学们对校园广告的喜好、形式、内容等各方面的调查。

我们所设计的调查问卷如下：

根据调查问卷统计数据：

根据上述数据所得出的结论：

☆**活动六：交流与展示**

　　以竞赛评比的形式，将各小组设计的校园广告进行评比，从中选出优秀作品。

　　下面是几个小组设计的成果，请欣赏。

将这次评比活动中的优秀作品也拿出来展示一下吧！

总结与反思

本次探究活动已顺利结束了，让我们一起来对自己的表现作出评价吧！

班级：_____ 姓名：_____ 小组：_____

学号：_____ 填表日期：_____

评价内容	选　项	自我评价
能否积极参与	能	
	不能	
	还可以	
能否快速、有效地收集资料	能	
	不能	
	还可以	
能否迅速整合资料	能	
	不能	
	还可以	
能否认真实施制订计划，诚实汇报	能	
	不能	
	还可以	

收获与体会

通过本次活动,我们感受到了广告的精彩语言,也获得了丰富的广告知识,下面请将你本次活动的收获与体会写下来吧!

我了解到的广告知识:------------------------------

我掌握的广告设计方法:----------------------------

我对校园广告提出的建议:--------------------------

第十二单元　体验不同的社会角色

单元概述

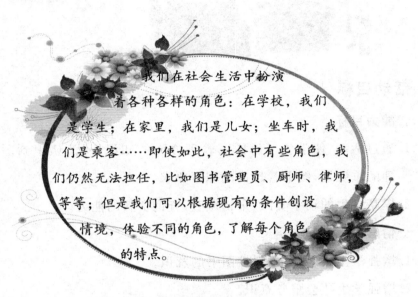

我们在社会生活中扮演着各种各样的角色：在学校，我们是学生；在家里，我们是儿女；坐车时，我们是乘客……即使如此，社会中有些角色，我们仍然无法担任，比如图书管理员、厨师、律师，等等；但是我们可以根据现有的条件创设情境，体验不同的角色，了解每个角色的特点。

学做图书管理员

活动前奏

同学们，在你们的家里、学校里都有许多图书吧，这些图书有人管理吗？你一定去过图书馆，你知道在图书馆查找图书的方法吗？你知道图书馆的图书上为什么贴着不同颜色的标签吗？让我们一起走进图书的世界，做个小小图书管理员，体验当图书管理员的乐趣吧！

活动目标

☆能力目标

1. 通过活动,使学生了解图书管理方面的知识,从而认识到图书管理的重要性,图书管理员的职责要求。

2. 提高学生的动手实践、采访调查、查询资料的能力。

☆情感目标

1. 增强学生热爱读书、保护图书的意识。

2. 增强学生社会服务意识。

准备工作

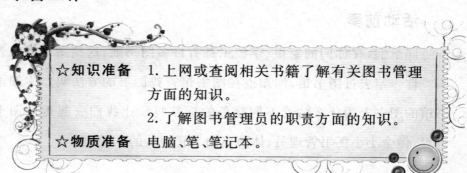

☆知识准备	1.上网或查阅相关书籍了解有关图书管理方面的知识。
	2.了解图书管理员的职责方面的知识。
☆物质准备	电脑、笔、笔记本。

活动过程

☆活动一：整理家里的图书

1.把家里的图书收集整理一下，看看有多少本，列个表把它们登记下来。

温馨提示：

（1）把家里凌乱的图书收集在一起，把破损的、卷角的书籍修补平整。

（2）为了便于整理、查找，可以根据图书的内容给它们简单地分分类。

（3）最好还要记录下图书的出版时间、价格，这样可以帮助我们分析出家庭存书的新旧比例，家庭购书支出的多少等，这也是我们管理图书所需要做的。

我家的图书登记表

书名	出版时间	价格	类别	完好程度

2.将自己整理的结果进行总结,并与同学进行交流。

　　整理图书可是需要耐心的,我用了一个星期的空余时间才把家里的图书整理登记好。

　　我觉得给图书分类真是一件增长学问的事儿,有些书从书名上就可以分类,有些书你必须把内容读一下才能分类。

　　通过整理自己从小到大看过的书,让我回忆起当时的许多情景。我想写一篇以"图书伴我成长"为题的文章……

　　通过整理图书,我发现我家的图书比较陈旧,家庭购书支出也很少。我想建议爸爸制订一个年度购书计划。

　　……

☆活动二:搜集图书管理相关知识

　　通过整理图书,大家一定懂得了一个道理:管理图书与做其他事情一样,是需要知识和学问的。那么,关于图书管理都有哪些知识呢?你又了解多少呢? 我们可以分成小组分类搜集资料。

小组一:图书管理员的职责

　　(1)负责收集和补充新图书,做到及时更新,不断满足大家阅览的需要。

　　(2)负责图书室书籍的验收、盖章、登记、分类、编目工作。

　　(3)负责图书的借阅、归还、保管工作。

　　(4)对馆内藏书加强保护,做好防火、防蛀、防鼠、防潮……

小组二:图书分类方法

　　我国的图书一般分为 10 大类,每一类又设有不同的编号。总类 000～009:包括目录学、图书学、百科全书、普通杂志等;哲学类 100～199:如中外哲学、心理学等;宗教类 200～299:如各种教派、神话、迷信等;自然科学类 300～399:如天文、物理、动植物等;应用科学类 400～499:如医学、家事、农业、工程、商业、矿冶、制造、经营等;社会科学类 500～599:如统计、教育、经济、法律、军事、礼俗、财政等;中国史地类 600～699:如文化史、外交史、地方志、游记等;世界史地类 700～799:如美洲、非洲、澳洲等各国史地;语文类 800～899:包括中外文学、语言等方面的书籍;美术类 900～999:如音乐、建筑、书画等。

小组三:图书馆

△世界上最大的图书馆是美国国会图书馆。

△图书馆现在越来越现代化,已有电子图书馆、数字图书馆……

☆活动三:走进图书馆

　　在了解了图书管理的有关知识后,让我们走进学校或当地的图书馆去当一名小小图书管理员,参与少儿图书室的部分管理工作,对其他小读者的阅读进行指导和帮助。

小博士提示：

（1）到图书馆参观时，要首先与图书馆联系，说明自己的来意，以得到图书管理员的帮助和支持。

（2）参观时要注意遵守图书馆的管理秩序。对要问的问题最好提前准备。

（3）可以利用节假日的时间到图书馆去做小小图书管理员。

1.经过去图书馆，实地采访图书管理员，我学会了：

2.我发现了图书馆有以下不足的地方：

☆**活动四：交流与展示**

1.为班级或家庭创建一个图书角，以下是几位同学的成果，把你创立
的图书角介绍给大家吧！

这是我创建的图书角：

2. 展示阅读海报。

　　图书馆里有许多非常好的图书，因为宣传力度不够，很多同学都不知道。我们可以设计一些阅读海报，把这些好书介绍给大家。

这是我推荐的作品！快去读一读吧！

总结与反思

亲爱的同学们,本单元的实践活动已经顺利结束了,快来对自己在活动中的表现作一个客观的评价吧。

学校名称：_____　　小组名称：_____

学生姓名：_____　　填表日期：_____

评价内容	选　项	自我评价
你能通过独立思考制订出自己的设计方案吗？	能	
	不能	
你能成功克服在方案实施中遇到的困难吗？	能	
	不能	
你对自己的作品感到满意吗？	非常满意	
	不太满意	
	还可以	
认真实施制订计划,诚实汇报	能	
	不能	
	不确定	

下面再看看同组的小伙伴们给你的评价吧。

小伙伴的评价：

收获与体会

通过这次活动,你有怎样的收获和体会呢? 赶快记录下来吧!

我在活动中遇到了这样的难题:

我是这样解决的:

我的收获:

第十三单元　我与水资源

单元概述

水是生命之源，所有的生物都离不开水。经济的发展、社会的稳定都离不开水。但是随着经济的发展，人们不合理地使用，水资源越来越匮乏，国际社会将每年的3月22日定为世界水日，希望大家都来关注水资源。作为学生的我们，也应该积极行动起来加入保护水资源的行列中。

关注家乡的水资源

活动前奏

我国水资源总量并不算多，且分布不均，人均水资源占有量并不丰富，因此，我们必须珍惜且合理利用每一滴水。那你知道你们家乡水资源的现状吗？你认为你可以为保护家乡的水资源做哪些努力？今天就让我们一起来关注我们家乡的水资源吧！

活动目标

☆能力目标

1.了解地球上水资源的情况。

2.了解水在动植物的生长和人类社会发展中所起的重大作用。

3.通过研究节水方案,激发我们对水资源开发利用的兴趣,从而培养对科学知识的探索兴趣。

4.通过搜索资料、观察讨论、小组合作等多种活动方式,培养和锻炼我们的语言表达、运用信息、资料统计等能力。

☆情感目标

1.培养同学们强烈的社会责任感和保护水资源的意识。

2.增强同学们的团结合作精神和培养同学们的团队意识。

准备工作

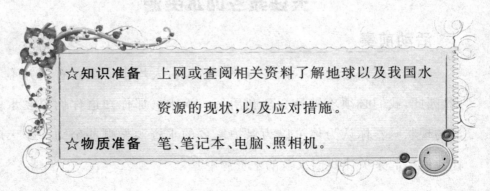

☆知识准备　上网或查阅相关资料了解地球以及我国水资源的现状,以及应对措施。

☆物质准备　笔、笔记本、电脑、照相机。

活动过程

☆活动一:参观

1. 参观铁合金污水处理厂,写出参观感受。

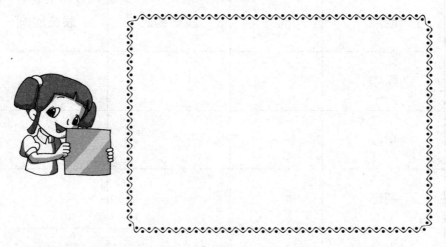

2. 搜集有关污水的来源,污水处理的办法及流程,在班上交流。

3. 参观自来水厂,了解我们家乡每天的总用水量、总产水量,了解我们的生活用水状况。

☆**活动二:调查**

1. 调查自己家中、学校、公共场所浪费水的现象,了解浪费的原因并对浪费情况进行调查分析。

地点	时间	浪费情况	浪费时间
家中			
学校			
商场			
公园			
调查分析			

要认真调查,认真填写数据。

2.调查附近水域受污染状况。

调查目的					
调查时间		调查地点		调查人	
调查情况	水的颜色				
	水的气味				
	水面漂浮物				
	水中物质				
	周围情况				
	污染源				
调查结论					
保护方法					

你发现了什么？

☆**活动三:采访**

1. 采访本地区的环境保护部门。

   问题①:本地区是否存在严重的水资源污染? 污染
   状况如何? 污染源是什么?

   问题②:近几年,本地区治理水污染的举措有哪些?

   问题③:近几年,本地区的水污染程度是否呈现上
   升趋势,这与什么有关?

2. 拍摄、剪辑有关照片、录像带,记录观察结果,写一篇参观访问记。

☆活动四：宣传

1.将我们收集的资料或写成的文章投到校园广播站做一次专题栏目。

珍惜水资源倡议书

如果有一天,水都被污染了,世界将会是什么样子?

如果有一天,水源都枯竭了,人类又将怎样生活?

正如公益广告上所说的:"如果现在不珍惜水,那么最后剩下的一滴水就是我们的眼泪。"

为了保护水资源,联合国把每年的 3 月 22 日定为世界水日,2012 年的主题是"水与粮食安全",我国也把每年 3 月的 22—28 日定为"中国水周",2012 年的主题是"大力加强农田水利,保障国家粮食安全"。

水是人类的生命之源,离开水人就不能再生存下去。虽说地球表面 70％是水,但是其中可利用的淡水资源却只有 0.02％。我国人均水资源仅为 2400 立方米,是世界的 1/4,而我们家乡人均水资源却只有 380.8 立方米,属"绝对贫水区",浪费、污染、滥用,正吞噬着人类的生命。

我们家乡的水质不容乐观,我们学校调查采访了 50 位村民,居然有一半以上的人对自己每天喝的水不放心。如今家乡的河水臭气熏天,烂菜叶、生活用水未经处理,全部流入大河,如果任由这样下去,不久的将来,我们赖以生存的养殖业也将遭受无法挽回的损失……

严酷的事实告诉我们:为了这一方生命之水,需要每一个人的不懈努力。当前,更需要增强全民的忧患意识。让我们立即行动起来吧,手挽手、肩并肩,投身于水资源的保卫战,造福子孙后代。

以上是张兰写的倡议书，把你收集的资料或写的文章展示给大家看吧！

2. 分小组深入街道、单位、居民家中以及公共场所宣传节约用水，发放宣传资料，让人们懂得保护水资源的重要性，了解节水的方法和措施。

小小资料库

生活节水小妙招

1. 用淘米水洗菜、洗碗筷。

2. 清洗炊具、餐具时，如果油污过重，可以用纸擦去油污，然后进行冲洗。

3. 洗手、洗脸时应在涂肥皂时关闭水龙头；刷牙时应在杯子接满水后关闭水龙头。

4. 收集洗衣、洗菜、洗澡水等冲洗马桶。

5. 减少洗衣机使用次数，尽量不使用全自动模式，并且手洗小件衣物。

你还知道哪些节水好方法？赶快告诉你周边的人们吧！

3.向有关单位写建议书,提出制止浪费、治理污染的合理化建议。

我的建议:__ __ __ __ __ __ __ __ __ __ __ __ __ __ __ __ __ __ __

__ __ __ __ __ __ __ __ __ __ __ __ __ __ __ __ __ __ __ __

__ __ __ __ __ __ __ __ __ __ __ __ __ __ __ __ __ __ __

__ __ __ __ __ __ __ __ __ __ __

我觉得自来水公司、环境保护局应该这样做……

4.设计一则公益广告,呼吁人们节约用水,拒绝水污染,保护水资源。

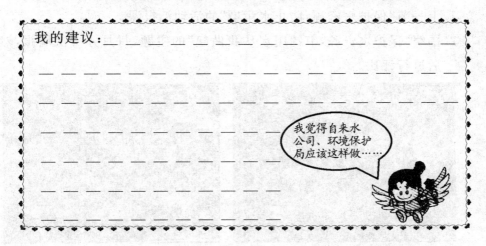

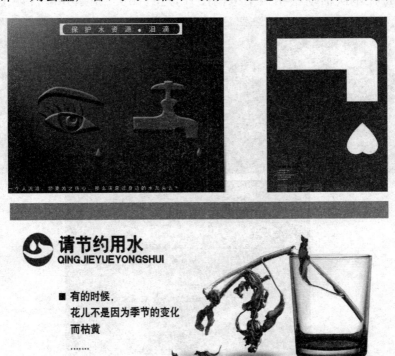

☆活动五:交流与展示

1.上一节"保护水资源,防止水污染"的活动汇报课。

2.围绕"保护水资源,节约用水从我做起"的主题,每月办一次墙报,然后进行评比。

 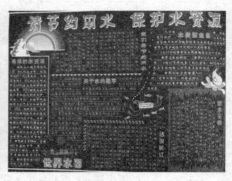

3.将在本次活动中拍摄下来的图片,进行归类、张贴并举行评比。

总结与反思

亲爱的同学们,本次活动已经顺利结束了,快来对自己在活动中的表现作一个客观的评价吧。

学校名称:＿＿＿＿＿＿　　小组名称:＿＿＿＿＿＿

学生姓名:＿＿＿＿＿＿　　填表日期:＿＿＿＿＿＿

评价内容	选　项	自我评价
你能通过独立思考制订出自己的设计方案吗?	能	
	不能	
你能成功克服在方案实施中遇到的困难吗?	能	
	不能	
你对自己的作品感到满意吗?	非常满意	
	不太满意	
	还可以	

下面再看看同组的小伙伴们给你的评价吧。

小伙伴的评价:

收获与体会

通过这次活动，你有怎样的收获和体会呢？赶快记录下来吧！

我在活动中遇到了这样的难题：

我是这样解决的：

我的收获：

第十四单元　我与气象

单元概述

我们每个人都有过这样的经历：早上天气晴朗，午后大雨倾盆，没有雨具回不了家，突然天气转凉，没来得及多穿衣服就感冒了……这样的事情时有发生。今天，气候对人类的影响越来越大，人们也越来越重视天气与我们生活之间的关系。本次研究活动，我们将去了解气象与我们生活的关系，让气象更好地为我们服务。

小小气象员

活动前奏

天气与我们的生活息息相关,它不仅让我们享受风和日丽,也常常带来风雨雷电……为此,天气预报就成为大家每天都非常关心的事情。那么,你知道每天的天气情况是怎样预报出来的吗?你想做个小小气象员吗?你想学习一些气象知识和天气预报的本领,来为同学们、为我们当地的生产和生活服务吗?

活动目标

☆能力目标

1. 通过活动了解气象对人们生活的影响,知道如何适应不同的气候特征,以及有效的利用自然资源为我们服务。

2. 学会用多种方法进行调查研究,在分析问题、解决问题、探索研究的过程中,加深学生对气象与生活关系的进一步了解。

3. 通过老师讲解,学生亲手操作和用心观察这一过程,初步的体会知识信息的收集与整理的方法。

4. 学生通过动手做,提高学生的操作能力,创新能力。

☆情感目标

1. 体会天气变化对我们生活的各个方面的影响。培养学生热爱科学,热爱自然的情感。

2. 在合作学习中体验与人合作,表达交流,尊重他人劳动成果的新理念,增强主动探索的意识。

准备工作

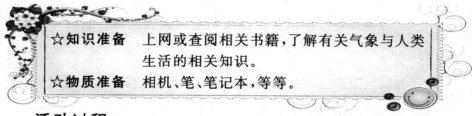

☆知识准备　上网或查阅相关书籍,了解有关气象与人类生活的相关知识。

☆物质准备　相机、笔、笔记本,等等。

活动过程

☆活动一:收集气象知识

要做小小气象员,需要掌握一定的气象知识。常用的气象知识有哪些?我们该怎样获得这些知识呢?

1. 通过翻阅书籍或上网查资料,弄清常见的天气符号是什么意思。

电视台播放城市天气预报常用的天气符号

冰雹	晴	多云	阴	小雨	中雨	西北 北 东北 西 东 西南 南 东南 6级风
大雨	暴雨	雨夹雪	小雪	中雪	大雪	
雷阵雪	雾	霜冻	冷空气前锋	暖空气前锋	台风及其中心	西北 北 东北 西 东 西南 南 东南 8~12级风

这些天气符号,你都记下来了吗?

2.查阅相关资料或登录网站了解其他有关气象方面的知识。

小资料：

气象要素知识

（1）气压是指作用在单位面积上的大气压力。它的单位为百帕。

（2）气温即空气的温度，是表示空气冷热程度的物理量。它的单位为度，用符号℃表示。

（3）温度即空气中所含水分的多少，是表示空气中的水汽含量和潮湿程度的物理量。

（4）水汽压是大气压力中水汽的分压力。它的单位为百帕。

（5）相对湿度是空气的水汽压与同一温度下的饱和水汽压之比。以百分数（％）表示。

（6）风速是风的速度，即单位时间内风向前推进的距离，一般以米/秒表示。

这些知识，你都明白了吗？

3.请教家长或老师,收集有关天气的谚语,还要通过观察验证谚语的准确度。

●天有城堡云,地上雷雨临。

●朝霞不出门,晚霞行千里。

●满天乱飞云,雨雪下不停。

●风大夜无露,阴天夜无霜。

●雨后东风大,来日雨还下。

●东风不过晌,过晌嗡嗡响。

●日晕三更雨,月晕午时风。

●雷声连成片,雨下沟河漫。

●天上鱼鳞斑,晒谷不用翻。

●西北起黑云,雷雨必来临。

把你收集到的谚语写在下面吧!

☆活动二：参观气象台

　　我们坐在家里，就能通过报纸、电视、网络等媒体看到当天的天气预报和近期的天气变化趋势。这些信息都是由气象台（站）提供的。那么，气象台的叔叔阿姨是怎样工作的？他们通过哪些技术和方法来观测和预报天气呢？让我们到附近的气象台（站）去参观考察一下吧。

温馨提示

(1)集体参观前，可以由组长提前到气象台联系，与气象台的叔叔阿姨一起确定参观程序，了解需要注意的问题。如：先做什么，再做什么，参观过程中要遵守哪些纪律，等等。

(2)每个人打算提些什么问题，要有所准备。

(3)带好笔记本，认真做好笔记；还可以带上照相机、录像机等记录仪器。

(4)参观后，要组织讨论交流，并写出收获、体会和建议。

1.我们可以分成几个小组，分别完成以下任务。

●了解每一种气象仪器是怎样设置和使用的，也为建立小小气象站做准备。

●了解气象观测和预报的过程。

●了解如何观云识天气，人工降雨是怎么回事。

●了解天气预报的发展历史。

2.设计一个考察记录表，把参观考察的过程和收获记录下来。

考察记录表

考察主题		考察地点	
考察人员		被访问人	
考察记录			
结论和收获		记录人：　　　年　月　日	

☆**活动三：制作简易气象器材**

通过参观,我们知道,要做一个小小气象员,需要有自己的气象站,还需具备常用的气象器材,比如湿度计、温度计、雨量器及风向标等。其中,有些器材我们可以自己动手制作,这样不但节省开支,还能提高我们动手制作的能力。

1.制作简易雨量器。

(1)取一只高 50 厘米,直径 20 厘米的无盖塑料筒或铁筒、玻璃筒作为雨量器;一只量杯。最好能做一只与雨量器口径相同的漏斗,放在雨量器的上沿。

(2)用法:当雨量器里装有一定量的降水时,适时将水倒入量杯,算出水的体积 V,再除以塑料筒的底面积,就是水的高度,即为降水量。

(3)用喷壶洒水模拟降雨,熟悉雨量器的使用方法。

(4) 实际使用时,将漏斗水平放置在雨量器上,雨量器的上沿距地面的高度要超过 70 厘米;雨停后,立即将雨量器的积水倒入量杯,以免雨水蒸发。

将降水倒入量杯时,注意不要把水流出量杯外。你能想出更好的办法吗?

2. 制作天气预报公告牌。

作为小小气象员,每天都要预报天气。那么,天气预报在哪里发布呢? 我们可以做一个"天气预报公告牌"。

温馨提示:

天气预报的内容一般包括:时间,最高气温、最低气温,风力,风向等。特殊公告包括大风降温,短时间内的大雨、大雪、大雾天气等。

我们用长 60 厘米、宽 40 厘米的三合板,钉上边框,画好格子,填上需要预报的内容。

天气预报公告牌
___月___日天气___
风力___ 风向___
最高气温___℃
最低气温___℃
降温消息___

我们制作的仪器_____ __ __ __ __ __ __ __ __ __ __ __ __

__ __ __ __ __ __ __ __ __ __ __ __ __ __ __ __ __ __ __ __

使用方法：__ __ __ __ __ __ __ __ __ __ __ __ __ __ __ __ __

__ __ __ __ __ __ __ __ __ __ __ __ __ __ __ __ __ __ __ __

我们的制作经验：__ __ __ __ __ __

你们小组制作了什么仪器？
使用情况怎么样？向同学
们介绍一下吧。同时也向
大家介绍一下制作过程中
的经验和体会。

☆活动四：实地观测天气

要做好小小气象员的工作，应该有自己的工作基地，这个基地就是我们自己的"小小气象站"。我们请老师或家长帮助，建个小小气象站，用来观察天气，发布天气预报，还要把我们的预报和实际观测的结果与各级气象台发布的天气预报作一比较。

建个小小气象台，需要做好以下工作：

1.要选好适于建站的场地，做好场地的绿化、美化工作。

2.安装需要的仪器、器材。

3.制订观测、记录的方案，准备好各种记录用纸、笔和各种统计图表。

4.还要在适当位置张贴一些气象谚语或相关规定。

我们的天气观测记录表

日期	中央气象台的天气预报	省气象台的天气预报	当地气象台的天气预报	我们的天气预报	我们实际观测的天气情况

根据每天的观测记录,我们可以在一定时间里(如一个月、一个季度)进行气象统计,比如统计降水天数、降水量、三级风以上天数、最大风力、最多的风向以及其他需要记录的情况等,看看从中发现了什么。我们还可以请老师或家长帮助,画出气温变化统计图。

☆活动五:交流与展示

在这次活动中,我们学习了很多关于气象的知识,掌握了常用的简单观测仪器的使用,有的同学还能比较熟练地进行天气观测,大家都有很多的收获和体验……那就赶快把你们的成果展示出来,与大家共享吧!

1.举办一次气象知识讲座。

我们可以就各类天气符号、天气用语的意义,百叶箱、测风仪、干湿球温度表、雨量器等的使用方法,如何观测天气现象等举办专题知识讲座,向大家普及气象知识。

2.召开研究成果展示会。

总结与反思

亲爱的同学们,本次活动已经顺利结束了,快来对自己在活动中的表现作一个客观的评价吧。

学校名称:_____　　小组名称:_____
学生姓名:_____　　填表日期:_____

评价内容	选　项	自我评价
你能否大方、主动地进行调查	能	
	不能	
	还可以	
你能否与小组同学愉快地合作	能	
	不能	
	还可以	
你能否通过上网、查阅图书等形式了解需要的信息	能	
	不能	

同学们是如何评价你在活动中的表现的呢？快来看看吧！

同学们对我的评价：

收获与体会

经过这次活动，你有怎样的收获和体会呢？赶快记录下来吧！

我学到的新知识：

与前几次活动相比我在这几方面有了进步：

我在以下方面需要更多努力：

第十五单元　我与交通

单元概述

随着社会经济的发展，人民生活水平日益提高，交通工具如雨后春笋般与日俱增，这无疑大大增加了道路的承载量，同时也造成了交通的拥堵，尤其是大城市，特别是上下班的时候，或是某个繁华的路段。我们也不免会赶上交通堵塞的时候，你有没有想过研究一下交通流量、交通信号等问题。今天我们就一起来探究一下吧！

交通流量的研究

活动前奏

小明的爸爸买了新车,小明心里十分高兴,因为他可以坐爸爸的车去上学,终于不用挤公交车了。可随后几天,小明和爸爸都叫苦连天。这是为什么呢?原来他们家到学校的那条路线实在是太塞车了,要经过两个街区,有五个红绿灯,还有一处是单行线,7:00—19:00只能单向通行。小明的爸爸只要稍微起来晚一点,道路就堵成了一锅粥,交通警察的疏导也解决不了问题。小明爸爸得绕个大弯才能把小明送到学校,弄得天天手忙脚乱。倒是公交车好一些,因为有公交专用道。唉,看来,这买了私家车也有烦恼!

谈起小明的烦恼,小军却不以为然,因为他们家到学校走环线,不用在城市中心横穿而过。环线上没有红绿灯,车都朝一个方向行驶,基本不会堵车。

同学们,你注意过你家或学校附近的交通状况吗?让我们选择一个自己熟悉的路段,开展交通流量的研究吧!

活动目标

☆能力目标

1. 了解什么是交通流量以及研究交通流量的方法。

2. 运用研究交通流量的方法对某街道交通流量进行研究。

3. 学会简单的数据记录、分析的方法。提高数据处理能力。会制作简单的数据统计图表。

4. 学会根据数据分析得出结论,并能够提出合理的建议。

5. 学会用数据说话。培养实事求是的严谨的科学精神。

☆情感目标

1. 在研究城市道路交通流量问题的过程中,体会到出行的问题与人们的生活密切相关。

2.能够以城市小主人的姿态主动关注道路交通流量问题,加强责任感。

3.培养耐心细致的研究态度。

4.能够通过自己对交通流量的研究尝试解决道路交通中存在的一些问题,体验成就感。

准备工作

☆知识准备 1.了解什么是交通流量。

交通流量是指机动车、非机动车或者行人在道路上单位时间内的通过量。例如:五一大道晓园路口路段每小时通过机动车720辆,那么这一路段的机动车小时流量为720辆。

2.学习道路交通法律法规中有关交通流量的相关章节。

☆物质准备 记录本、笔、手表、计算器、彩笔、统计图纸。

活动过程

☆活动一:制订研究方案

1.确定研究方向。

根据自己平时的观察,你一定会发现一些道路交通问题,比如:左转车道车多,经常堵车;人行横道过少,行人难过马路;信号灯设置过多,车辆一、二百米就要停车造成拥堵……这些问题都需要通过交通流量的研究才能进一步解决问题,像这样的问题就是我们可以研究的方向。

2.选定待研究的道路。

如果你觉得某个路段的交通存在问题,那个路段又离家或者学校比较近,便于你们的研究,这样的路段就比较适合进行交通流量的研究。

3.选定研究的对象。

　　通过观察,如果感觉那个路段的机动车或行人比较多,就可以将机动车或行人作为主要研究对象。

4.选定研究时间。

　　根据经验,早、中、晚上下班时间研究流量高峰较为合适;清晨或是午夜时分研究流量低谷较为合适。

5.研究人员的分工。

　　交通流量的研究应该以小组为单位共同合作完成。所以,小组成员必须有比较明确的分工,使大家知道自己应该干些什么。大家可以按照时间进行分工;也可以按照所研究的不同主体进行分工。这样就可以有条不紊地开展研究了。同时还可以制订一个分工明细表。

	6:00—6:30	7:30—8:00	12:00—12:30	17:30—18:00	21:00—21:30
小军	✓			✓	
小丽	✓	✓			
小明		✓	✓		✓
小芳			✓	✓	✓

　　工作任务:每次两人一组,在规定的时间赶到指定地点,两人同时开始测量,一人负责测量机动车流量,另一人负责测量非机动车流量。测量完后,两人分别记录数据。记录时最好用铅笔。

6.制订相应的记录表格。

　　每次交通流量研究必须记录,使用表格记录是比较方便的,所以在选定了研究的道路、研究的对象、时间以后,制订一个详细的表格便十分重要。如果记录一天当中 24 小时的流量变化,那你就可以制订一个交通流量日记录表。如果是研究一周当中的每一天不同时段的交通流量,就要制订一个交通流量周记录表。一般的记录表要写上表头和记录人,第一行和第一列填好相应的项目。

×××路口交通流量周记录表

记录人:_____   第一周

	星期一	星期二	星期三	星期四	星期五	星期六	星期日
6:00－6:30							
7:00－8:00							
12:00－12:30							
17:30－18:00							
21:00－21:30							

☆活动二:实地考察

　　也许这种研究有一点枯燥,因为你需要盯着汽车一辆一辆地数并做好记录,你还需要花一些时间,有一份耐心。但只要你想到所做的事情是如此的有意义,你一定会觉得再枯燥也是值得的。

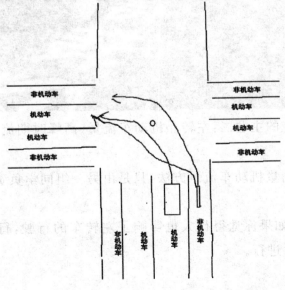

●研究的主题一：左转机动车流量（高峰时期流量/一般时期流量）

早上8点是大家急急忙忙上班的高峰期，这时也是研究上班高峰期的左转车流量的最佳时间，按照你的计划，还要研究下班高峰期的左转车流量，那你觉得什么时候最合适呢？

把握好时间，提前一点到达选定的安全观测点，耐心地待上30分钟。你可不能分神，把经过的左转车辆给数错了。

将你辛辛苦苦一辆一辆数出来的数据记录在制作好的表格里。

你需要连续这样观测记录一周时间，不管天晴还是下雨。

●研究的主题二：左转非机动车流量（高峰时期流量/一般时期流量）

按照测量机动车流量方法，只是由另一组同学负责数左转非机动车。

当然，如果你觉得行人也影响了左转车的行驶，行人的流量研究也可以同时进行。

同学们，在观察时，一定要站在安全区，注意安全哟！

☆活动三：整理分析数据，并提出方案

1.整理数据

　　通过一个星期的辛苦实测，我们得到了观测路段左转车交通流量数据，下面要做的就是将这些数据进行整理和具体的分析。

(1)将一周记录的数据按照上午和下午上班高峰时间的数据总和与一般时间的数据总和(早上和晚上)分别求出平均值比较。

	周一	周二	周三	周四	周五	平均
高峰时期						
一般时期						

（2）也可以将数据画成一个折线统计图更明显地反映观测路段的周一到周五高峰时期与一般时期的差异。

2.分析数据

从自己统计的数据来看，我们能得出以下结论：

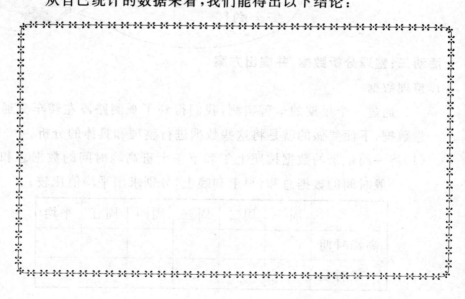

3.提出方案

　　有了以上客观的科学数据,加上自己的判断分析,现在可以着手向有关部门提出自己的想法了,这就是解决方案。

关于解决×××路口交通堵塞问题的报告

☆**活动四:交流与展示**

1.各组通过交流活动展示本小组所研究的城市交通问题,以各种数据统计图表的形式把本组研究得来的数据与大家分享。

2.把研究成果以书面报告的形式提供给相关部门。

3.以日记的方式展示本组研究的过程,在研究过程中所遇到的困难以及克服困难的办法,或者在研究过程中的一些趣事、见闻等。

4.讨论思考:城市交通状况与城市形象的关系。

总结与反思

　　亲爱的同学们，本次活动已经顺利结束了，快来对自己在活动中的表现作一个客观的评价吧。

学校名称：＿＿＿＿＿＿　　小组名称：＿＿＿＿＿＿

学生姓名：＿＿＿＿＿＿　　填表日期：＿＿＿＿＿＿

评价内容	选　项	自我评价
你能否大方、主动地进行调查	能	
	不能	
	还可以	
你能否与小组同学愉快地合作	能	
	不能	
	还可以	
你能否通过上网、查阅图书等形式了解需要的信息	能	
	不能	

同学们是如何评价你在活动中的表现的呢？快来看看吧！

✳✳✳✳✳✳✳✳✳✳✳✳✳✳✳✳✳✳✳✳✳✳✳✳✳✳✳✳✳
✳ 同学们对我的评价：   ✳
✳   ✳
✳   ✳
✳   ✳
✳   ✳
✳   ✳
✳   ✳
✳✳✳✳✳✳✳✳✳✳✳✳✳✳✳✳✳✳✳✳✳✳✳✳✳✳✳✳✳

收获与体会

经过这次活动，你有怎样的收获和体会呢？赶快记录下来吧！

我学到的新知识：

与前几次活动相比我在这几方面有了进步：

我在以下方面需要更加努力：

第十六单元　走近家用电器

单元概述

家用电器又称民用电器、日用电器。1879年，美国人爱迪生发明了白炽灯，便开创了家庭用电时代。后来电熨斗、吸电器、洗衣机等相继被发明出来和投入市场。时至今日，家用电器问世已有近百年的历史。家用电器给我们的日常生活带来了极大的便利，同时近些年家用电器已在千万个家庭中普遍使用，并不断地更新换代。

家用电器与生活

活动前奏

　　家用电器是现代科技发展的结晶,日益成为我们生活中不可或缺的好帮手。但是作为学生的我们,对家电了解得实在太少。甚至连热水器的开关都不会使用,更不必说用熨斗熨衣服,用电饭锅做饭了。今天就让我们一起来了解一些常见的家用电器,感受它们给我们生活带来的便利,体会现代科技的巨大作用。

活动目标

☆能力目标

1.了解常用家电的种类及家电发展状况。

2.学会使用家用电器,能进行简易故障的排除和维修。

3.培养运用所学知识解决实际生活问题的能力。

☆情感目标

1.懂得知识来自生活,知识还要为生活服务的道理。

2.培养科技意识、创新精神。

准备工作

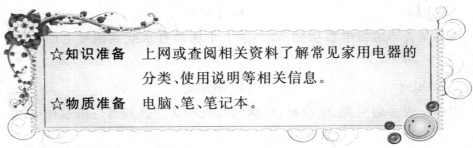

☆知识准备　上网或查阅相关资料了解常见家用电器的分类、使用说明等相关信息。

☆物质准备　电脑、笔、笔记本。

活动过程

☆活动一:调查了解——访家庭,走商场

1.了解常用的家电。

(1)讨论并设计《家用电器知多少》的问卷调查。

家用电器知多少

☆总是用蒙布罩住电视机的外壳（　　　）

    A. 可有效地防止灰尘进入电视机,延长电视机寿命

    B. 不利于散热,减少电视机的寿命

☆安装洗衣机时（　　　）

    A. 一定要用三相插座,要有可靠接地,防止触电

    B. 洗衣机外壳是塑料的,根本不用接地线

☆冰箱可以长期储存食物（　　　）

    A. 冰箱内温度低,细菌不能生存

    B. 冰箱内细菌也能生存,食物储存时间不能过久

☆绿色家电是指（　　　）

    A. 符合环保要求的家用电器

    B. 外壳是绿色的家用电器

☆蓝色家电是指（　　　）

    A. 能放出蓝光的家用电器

    B. 能和计算机网络相连的电器

☆电冰箱上可否放置重物（　　　）

    A. 可以　　　　　　　　　B. 不可以

☆你是否知道给电器插插头时,手上不应沾有水或其他导电的液体?

  （　　　）

    A. 知道　　　　　　　　　B. 不知道

☆你是否了解空调、电视机、电脑的待机功能?且知道待机也耗电吗?

  （　　　）

    A. 很了解　　　B. 较了解　　　C. 一般了解　　　D. 不了解

☆如果电风扇接通电源后,齿轮不能转动,你最先考虑的是什么问题?

  （　　　）

    A. 电源接触不良　　　B. 开关是否打开　　　C. 风扇出现了故障

（2）分成小组,然后自行选择地点进行调查,然后对反馈的调查问卷进行分析、总结,并把结论写下来。

2. 了解家电的发展状况,体会科技的进步。

　　（1）上网或查阅书籍获得相关资料。

　　（2）实地调查。

　　　　①分组在社区入户调查或走访调查、街头调查,了解居民家电拥有和购买情况。如果调查有困难,也可采用每个同学完成调查3至5户,然后汇总的方法。所调查家电种类根据具体情况适当选择几种或多种。

调查点	20年前家电拥有的种类和数量	10年前家电拥有的种类和数量	现在家电拥有的种类和数量

②根据调查,可以对调查的数字进行统计分析。如:

a.进行每百户居民现在和20年前拥有某种家用电器数量的对比。

	电视机	空调机	电冰箱	洗衣机	微波炉	油烟机
百户居民 现拥有量						
百户居民 20年前拥有量						

b.进行居民现在和20年前拥有家用电器种类的对比。

居民现拥有 家电种类		共(　　)种
20年前拥有 家电种类		共(　　)种

☆活动二:认识探究——看资料,出小报

1.选定一两种简单的家用电器,通过查阅产品说明书、咨询、动手拆装等途径,了解家电的构造、性能、用途及使用方法。

2.出一期和家用电器有关的手抄报。

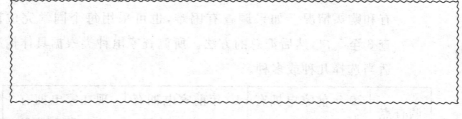

3.编写家用电器的产品说明书。

☆活动三:实践应用——大胆尝试,做生活小主人

1.在父母的陪伴下,同学们对两种以上的电器按照使用说明书进行操作使用。可以用电吹风帮父母吹头发,可以用熨斗熨衣服,等等。

2.由父母人为设置障碍,让学生们进行简易电器障碍排除。

3.组织"家电知识、使用及简易维修"竞赛。

家电知识竞赛

一、必答题。

提示:(1)答对一题加10分,答错不扣分。

A组:

1.电冰箱上可否放置重物? 为什么?

2.当你给电视机插插头的时候应注意什么?

3.如果电热水器不能正常进水,你该怎么办?

4.请在一分钟内说出8种家用电器。

5.世界上第一个发明电风扇的人是谁?

B组:

1.电灯是哪个国家谁发明的?

2.冰箱制冷的原因是什么？

3.如果电风扇接通电源后,齿轮不能转动,你最先应考虑的是什么问题？

4.电视机为什么会出现各种色彩？

5.家庭固定电话的各部分名称是什么？

二、抢答题。

提示:(1)主持人说开始后方可抢答,否则扣 10 分。

(2)答对一题加 10 分,答错一题扣 15 分。

1.请问电冰箱可以装上马达吗？为什么？

2.为什么电视机可以显像？

3.假如遥控器失灵,电风扇手动装置也坏了,电风扇不停地转,怎么办？

4.电视机里装有逐点扫描吗？

5.我国哪些品牌的家电是免检产品？请说出 4 种。

三、风险题。

提示:(1)风险题分两组,A 组 20 分,B 组 30 分。

(2)双方任选一题回答,答对 1 题加相应的分数,答错 1 题扣相应的分数。

A 组:

1.你对未来家电有哪些看法及要求？

2.饮水机如果开关坏了,不停地往外流水,应该怎么修？

B 组:

1.经常接触计算机应注意什么问题？

2.长期食用冰箱里的冷冻食品对人的健康有害吗？为什么？

☆活动四:设想创新——大胆设想,设计未来家电

1.以小组为单位,运用已掌握的家电科技知识和原理,共同研究设计
   未来家电的模型或设计图。

2.为设计好的未来家电编写精彩的广告词。

3.在班内展示小组的研究成果。

作品名：小风扇

作者：胡松

制作原料：小药盒、易拉罐、微型马达、两节五号电池、导线等。

操作：把两根导线接在一起，风扇就转动起来。

存在问题：扇齿的制作过于粗糙，且易松动，转动时间长了会掉下来。

广告词：

"'灵通牌'多功能电风扇，为您吹走炎热的夏天，让您享受河边的凉爽！"

总结与反思

亲爱的同学们，本次活动已经顺利结束了，快来对自己在活动中的表现作一个客观的评价吧。

学校名称：_____ 小组名称：_____

学生姓名：_____ 填表日期：_____

评价内容	选　　项	自我评价
你能否大方、主动地进行调查	能	
	不能	
	还可以	
你能否与小组同学愉快地合作	能	
	不能	
	还可以	
你能否通过上网、查阅图书等形式了解需要的信息	能	
	不能	

同学们是如何评价你在活动中的表现的呢？快来看看吧！

****
* 同学们对我的评价：   *
*   *
*   *
*   *
*   *
*   *
*   *
****

收获与体会

经过这次活动，你有怎样的收获和体会呢？赶快记录下来吧！

我学到的新知识：

与前几次活动相比我在这几方面有了进步：

我在以下方面需要更加努力：